Estrategias para la Motivación de los Empleados

Para los líderes que empoderan y elevan, que este libro sea su luz guía para encender la motivación, inspirar grandeza y desbloquear el extraordinario potencial dentro de sus equipos.

Contenido

Introducción: Comprender la importancia de la motivación de los empleados

En el panorama empresarial acelerado y competitivo de hoy en día, las organizaciones reconocen que su activo más valioso es su fuerza de trabajo. El éxito de cualquier empresa depende de los esfuerzos colectivos y la dedicación de sus empleados. Pero, ¿qué es lo que realmente impulsa a los empleados a rendir al máximo? ¿Cómo pueden las organizaciones aprovechar el potencial de sus empleados y dar rienda suelta a su motivación?

Bienvenido a "Estrategias para la motivación de los empleados", una guía completa que profundiza en las complejidades de motivar a los empleados en el lugar de trabajo. Este libro está diseñado para proporcionar a los líderes, gerentes y profesionales de recursos humanos ideas prácticas y estrategias prácticas para inspirar e involucrar a su fuerza de trabajo.

La motivación de los empleados no es una mera palabra de moda; es un aspecto fundamental del éxito de la organización. Los empleados motivados son más productivos, innovadores y están comprometidos con el logro de los objetivos individuales y organizacionales. Poseen una energía contagiosa que impregna el lugar de trabajo, influyendo en sus compañeros y fomentando una cultura de alto rendimiento.

Sin embargo, la motivación no es un concepto único para todos. Cada individuo aporta necesidades, deseos y aspiraciones únicas a su trabajo. Comprender lo que motiva a los empleados y adaptar las estrategias en consecuencia es crucial para liberar todo su potencial. Este libro explorará varias teorías y enfoques de la motivación, equipándolo con un completo kit de herramientas para abordar la naturaleza multifacética de la motivación de los empleados.

A lo largo de los capítulos siguientes, examinaremos las estrategias de motivación intrínseca y extrínseca. La motivación intrínseca proviene de factores internos como el sentido de propósito, el dominio y el crecimiento personal. La motivación extrínseca, por otro lado, implica recompensas e incentivos externos. Al explorar la interacción entre estas dos dimensiones, descubriremos los enfoques más efectivos para crear un ecosistema motivacional dentro de su organización.

Además, abordaremos la importancia de construir un entorno de trabajo motivador. Desde el fomento de relaciones positivas hasta la autonomía y la promoción del equilibrio entre el trabajo y la vida privada, todos los aspectos del lugar de trabajo pueden contribuir a la motivación de los empleados. Ahondaremos en el papel del liderazgo, la comunicación y el reconocimiento para inspirar y atraer a los empleados.

Además, este libro reconoce los desafíos a los que se enfrentan las organizaciones para mantener la motivación a largo plazo. Exploraremos estrategias para gestionar el cambio, superar las mesetas de motivación y fomentar una cultura de motivación y crecimiento continuos.

Al final de este viaje, poseerá el conocimiento y las herramientas necesarias para crear un lugar de trabajo que encienda la motivación intrínseca de sus empleados mientras aprovecha las recompensas extrínsecas apropiadas. Estarás equipado para comunicarte de manera efectiva, proporcionar comentarios significativos y establecer un entorno de apoyo que fomente la motivación de los empleados.

Permítanos embarcarnos en esta exploración de la motivación de los empleados, a medida que descubrimos las estrategias e ideas que le permitirán liberar todo el potencial de su fuerza de trabajo e impulsar a su organización a nuevas alturas de éxito.

Parte 1: Fundamentos de la Motivación

Capítulo 1: La Ciencia de la Motivación: Explorando teorías psicológicas clave

La motivación es un aspecto complejo y multifacético del comportamiento humano que influye en nuestros pensamientos, emociones y acciones. Comprender la ciencia detrás de la motivación es esencial para liberar su poder dentro del lugar de trabajo. En este capítulo, nos embarcaremos en un viaje a través de teorías psicológicas clave que arrojan luz sobre las complejidades de la motivación humana.

1.1. Jerarquía de necesidades de Maslow:

Abraham Maslow, un reconocido psicólogo, propuso la famosa teoría conocida como la Jerarquía de las Necesidades de Maslow. Según Maslow, las necesidades humanas se pueden organizar jerárquicamente, con necesidades de nivel inferior que sirven como requisitos previos para las necesidades de nivel superior. La jerarquía consta de cinco niveles: necesidades fisiológicas, necesidades de seguridad, necesidades de pertenencia y amor, necesidades de estima y necesidades de autorrealización.

En la base de la pirámide hay necesidades fisiológicas como comida, agua y refugio. Una vez que se satisfacen estas necesidades básicas, las personas se esfuerzan por la seguridad. Los niveles posteriores abarcan las necesidades sociales, el deseo de amor y pertenencia, la necesidad de estima y reconocimiento y, en última instancia, la búsqueda de la autorrealización, que se refiere a la realización de todo el potencial y el crecimiento personal de uno.

Comprender la jerarquía de necesidades de Maslow proporciona información sobre los diversos factores motivacionales que influyen en los empleados. Al reconocer y abordar estas necesidades, las organizaciones pueden crear un entorno de trabajo que apoye el bienestar de los empleados y fomente la motivación.

1.2. Teoría de dos factores de Herzberg:

La Teoría de los Dos Factores de Frederick Herzberg explora los factores que contribuyen a la satisfacción laboral y a la insatisfacción. Herzberg identificó dos categorías: factores de higiene y motivadores.

Los factores de higiene incluyen elementos como el salario, la seguridad laboral, las condiciones de trabajo y las relaciones interpersonales. Cuando estos factores están ausentes o son insatisfactorios, pueden llevar a la insatisfacción de los empleados. Sin embargo, mejorar los factores de higiene por sí solos no resulta necesariamente en una motivación sostenida.

Por otro lado, los motivadores son factores intrínsecos que impulsan la satisfacción y la motivación en el trabajo. Estos incluyen un trabajo desafiante, oportunidades de crecimiento y desarrollo, reconocimiento y una sensación de logro. Según Herzberg, estos factores son cruciales para fomentar la motivación y el compromiso a largo plazo de los empleados.

Al comprender la distinción entre los factores de higiene y los motivadores, las organizaciones pueden crear un entorno de trabajo que no solo aborde las posibles fuentes de insatisfacción, sino que también brinde oportunidades para que los empleados experimenten una motivación y satisfacción laborales genuinas.

1.3. Teoría de la autodeterminación (SDT):

La teoría de la autodeterminación, desarrollada por Edward Deci y Richard Ryan, se centra en la motivación intrínseca y las necesidades psicológicas que la subyacen. SDT propone que los individuos tienen tres necesidades psicológicas básicas: autonomía, competencia y relación.

La autonomía se refiere a la necesidad de autodirección y a la capacidad de tomar decisiones que se alineen con los valores personales. Proporcionar a los empleados un sentido de autonomía les permite hacerse cargo de su trabajo y fomenta la motivación intrínseca.

La competencia se refiere a la necesidad de sentirse capaz y eficaz en el trabajo. Las organizaciones pueden apoyar la competencia proporcionando oportunidades para el desarrollo de habilidades, capacitación y retroalimentación que faciliten el crecimiento y el dominio de los empleados.

La relación se refiere a la necesidad de conexiones sociales y un sentido de pertenencia. El cultivo de relaciones positivas, el trabajo en equipo y una cultura de trabajo de apoyo contribuyen a satisfacer esta necesidad y a fomentar la motivación intrínseca.

Al comprender y abordar estas tres necesidades psicológicas, las organizaciones pueden crear un entorno de trabajo que apoye la autonomía, la competencia y la relación de los empleados, mejorando así la motivación intrínseca.

En conclusión, profundizar en la ciencia de la motivación a través de estas teorías psicológicas clave proporciona una base para comprender la naturaleza multifacética de la motivación humana. La Jerarquía de Necesidades de Maslow destaca los diferentes niveles de necesidades que motivan a los individuos, la Teoría de Dos Factores de Herzberg enfatiza la importancia tanto de los factores de higiene como de los motivadores, y la Teoría de la Autodeterminación arroja luz sobre las necesidades psicológicas intrínsecas que impulsan la motivación. Al integrar los conocimientos de estas teorías, las organizaciones pueden desarrollar estrategias para crear un entorno de trabajo motivador que satisfaga las diversas necesidades motivacionales de los empleados.s.

Capítulo 2: Motivación en el lugar de trabajo: por qué es importante para el éxito empresarial

La motivación no es simplemente un concepto abstracto; juega un papel fundamental en la configuración del éxito y el rendimiento de las organizaciones. En este capítulo, exploraremos el profundo impacto de la motivación de los empleados en varios aspectos del éxito empresarial.

2.1. Productividad y rendimiento:

Los empleados motivados tienen más probabilidades de ser productivos y rendir al máximo. Cuando las personas son impulsadas por un sentido de propósito y motivación intrínseca, están más comprometidas en su trabajo y se esfuerzan por sobresalir en sus tareas. Este mayor nivel de compromiso y compromiso se traduce en una mayor productividad y resultados de mayor calidad.

Los empleados motivados van más allá, mostrando una mayor iniciativa, creatividad y capacidad para resolver problemas. Es más probable que asuman responsabilidades adicionales y contribuyan con ideas innovadoras, impulsando a la organización hacia adelante. Al cultivar una fuerza de trabajo motivada, las empresas pueden optimizar su rendimiento y lograr resultados superiores.

2.2. Innovación y creatividad:

La motivación está estrechamente vinculada a la generación de ideas innovadoras y soluciones creativas. Cuando los empleados están motivados, es más probable que piensen fuera de la caja, cuestionen el statu quo y propongan enfoques novedosos para la resolución de problemas.

Las personas motivadas poseen un sentido de propiedad y se invierten en el éxito de su organización. Buscan activamente oportunidades para mejorar los procesos, productos y servicios. Este impulso intrínseco para innovar impulsa la mejora continua y mantiene a las empresas por delante de la competencia.

Las organizaciones que fomentan una cultura de motivación proporcionan el apoyo y los recursos necesarios para que los empleados exploren nuevas ideas, tomen riesgos calculados y contribuyan a una cultura de innovación. Al aprovechar el potencial creativo de los empleados motivados, las empresas pueden mantenerse ágiles y adaptables en un mercado en rápida evolución.

2.3. Compromiso y retención de los empleados:

La motivación de los empleados está estrechamente entrelazada con el compromiso y la retención. Los empleados comprometidos están profundamente comprometidos con su trabajo y con la misión de la organización. Están emocionalmente comprometidos, encuentran significado en sus contribuciones y experimentan un sentido de satisfacción.

Los empleados motivados tienen más probabilidades de estar comprometidos, ya que su impulso intrínseco se alinea con sus objetivos de trabajo. Cuando las personas se sienten valoradas, desafiadas y recompensadas por sus esfuerzos, están más inclinadas a permanecer en la organización y contribuir activamente a su éxito a largo plazo.

Además, los empleados motivados tienden a ser defensores de sus organizaciones. Hablan positivamente sobre su lugar de trabajo, atrayendo y reteniendo a los mejores talentos. Al fomentar un entorno de trabajo motivador, las organizaciones pueden reducir la rotación, mejorar la lealtad de los empleados y construir una marca de empleador sólida.

2.4. Satisfacción y lealtad del cliente:

El impacto de la motivación de los empleados se extiende más allá de la propia organización y llega al ámbito de la satisfacción del cliente. Los empleados motivados que son apasionados por su trabajo y se sienten apoyados son más propensos a ofrecer un servicio al cliente excepcional.

Cuando los empleados están motivados, van más allá para satisfacer las necesidades y expectativas de los clientes. Su actitud positiva, entusiasmo y dedicación dejan una impresión duradera en los clientes, fomentando la satisfacción y la lealtad.

Es más probable que los clientes satisfechos se conviertan en defensores leales de la organización, recomendando sus productos o servicios a otros. El efecto dominó de la motivación de los empleados en la satisfacción del cliente puede tener un impacto sustancial en el resultado final, impulsando la lealtad del cliente, la repetición de los negocios y la reputación positiva de la marca.

En resumen, la motivación de los empleados es una fuerza impulsora detrás de varias dimensiones del éxito empresarial. Mejora la productividad, impulsa la innovación, promueve el compromiso y la retención de los empleados, y contribuye a la satisfacción y lealtad del cliente. Las organizaciones que priorizan e invierten en la motivación de los empleados crean un círculo virtuoso de éxito, donde los empleados motivados impulsan a la organización hacia adelante y ofrecen resultados excepcionales.

Capítulo 3: Evaluación de la motivación de los empleados: Herramientas y técnicas

Para abordar y mejorar de manera efectiva la motivación de los empleados, las organizaciones necesitan métodos confiables para evaluar y comprender los factores motivacionales que están en juego dentro de su fuerza de trabajo. En este capítulo, exploraremos varias herramientas y técnicas que pueden ayudar a las organizaciones a evaluar la motivación de los empleados y obtener información valiosa para mejorar.

3.1. Encuestas de empleados y mecanismos de retroalimentación:

Una de las formas más comunes y efectivas de evaluar la motivación de los empleados es a través del uso de encuestas y mecanismos de retroalimentación. Las encuestas a los empleados proporcionan un enfoque estructurado para recopilar datos y recopilar las percepciones, actitudes y opiniones de los empleados sobre su entorno de trabajo, satisfacción laboral y factores motivacionales.

Las encuestas bien diseñadas pueden cubrir una variedad de temas relacionados con la motivación, como el reconocimiento y las recompensas, las oportunidades de crecimiento y desarrollo, el equilibrio entre el trabajo y la vida privada y la alineación de las metas individuales con los objetivos de la organización. Al analizar los resultados de la encuesta, las organizaciones pueden identificar tendencias, áreas de fortaleza y áreas que requieren mejora, lo que les permite desarrollar estrategias específicas para mejorar la motivación.

Además de las encuestas, los mecanismos de retroalimentación, como las reuniones individuales periódicas, las evaluaciones de rendimiento y las políticas de puertas abiertas, fomentan la comunicación continua entre los gerentes y los empleados. Este diálogo ofrece una oportunidad para que los empleados expresen sus necesidades motivacionales, compartan sus aspiraciones y reciban orientación y apoyo de sus supervisores. También permite a los gerentes obtener una visión más profunda de las motivaciones individuales y adaptar su enfoque en consecuencia.

3.2. Evaluaciones de rendimiento y establecimiento de objetivos:

Las evaluaciones de rendimiento desempeñan un papel crucial en la evaluación y mejora de la motivación de los empleados. Al establecer objetivos y expectativas claros, las organizaciones proporcionan a los empleados un sentido de dirección y propósito. Las evaluaciones periódicas de rendimiento brindan la oportunidad de revisar el progreso, proporcionar comentarios constructivos y reconocer los logros.

El establecimiento de objetivos debe ser un proceso de colaboración que implique alinear las metas individuales con los objetivos de la organización. Cuando los empleados tienen una comprensión clara de cómo su trabajo contribuye al panorama general, es más probable que se sientan motivados y comprometidos.

Durante las evaluaciones de rendimiento, los gerentes pueden evaluar qué tan bien están progresando los empleados hacia sus objetivos, identificar cualquier barrera o desafío y proporcionar orientación y apoyo. Reconocer y celebrar los logros durante estas evaluaciones refuerza el comportamiento positivo y motiva a los empleados a seguir desempeñándose a un alto nivel.

3.3. Comunicación y diálogo continuos:

Mantener líneas de comunicación abiertas y fomentar el diálogo continuo con los empleados es esencial para comprender sus necesidades y aspiraciones motivacionales. Las reuniones regulares del equipo, los ayuntamientos y otros foros de comunicación crean oportunidades para que los empleados expresen sus pensamientos, compartan ideas y expresen sus preocupaciones.

Los gerentes deben crear un entorno de apoyo en el que los empleados se sientan cómodos discutiendo abiertamente sus factores de motivación. Esto se puede lograr a través de la escucha activa, la empatía y proporcionar un espacio seguro para que los empleados expresen sus necesidades y aspiraciones.

Además, fomentar los comentarios y sugerencias regulares de los empleados puede proporcionar información valiosa sobre los factores que impulsan la motivación. Los empleados a menudo tienen perspectivas e ideas únicas para mejorar la motivación y el compromiso, y las organizaciones deben adoptar estas contribuciones a medida que dan forma a las estrategias de mejora.

Al fomentar la comunicación y el diálogo abiertos, las organizaciones demuestran un compromiso genuino con la comprensión y el tratamiento de la motivación de los empleados, la creación de confianza y el fomento de un sentido de pertenencia.

3.4. Técnicas de observación e interacciones informales:

Más allá de las herramientas y mecanismos formales, las organizaciones pueden obtener información sobre la motivación de los empleados a través de técnicas de observación e interacciones informales. Observar los comportamientos, las interacciones y los niveles de compromiso de los empleados puede proporcionar pistas valiosas sobre su motivación.

Los gerentes y líderes deben participar activamente con los empleados en su trabajo diario, creando oportunidades para conversaciones e interacciones informales. Estas interacciones informales pueden descubrir información valiosa sobre lo que motiva a los empleados, sus desafíos y sus aspiraciones.

Al prestar atención a las señales no verbales, escuchar conversaciones informales y observar la dinámica del equipo, los gerentes pueden obtener una comprensión más profunda de la motivación de los empleados. Este conocimiento puede entonces informar las estrategias para la mejora y la creación de un entorno de trabajo motivador.

En conclusión, evaluar la motivación de los empleados requiere una combinación de herramientas y técnicas que proporcionen información sobre los factores motivacionales en juego dentro de la fuerza laboral. Las encuestas a los empleados, los mecanismos de retroalimentación, las evaluaciones del rendimiento, la comunicación continua, las técnicas de observación y las interacciones informales contribuyen a una comprensión integral de la motivación de los empleados. Al aprovechar estas herramientas de manera efectiva, las organizaciones pueden identificar áreas de mejora, adaptar las estrategias de motivación y crear un entorno de trabajo que alimente y mejore la motivación de los empleados.

Parte 2: Creación de un Entorno de Trabajo Motivador

Capítulo 4: Construyendo una cultura de motivación: Liderazgo y apoyo organizacional

Un ambiente de trabajo motivador no es un mero producto del azar; es un resultado deliberado moldeado por el liderazgo y el apoyo de la organización. En este capítulo, exploraremos el papel crucial que desempeñan los líderes y las organizaciones en la creación de una cultura de motivación dentro del lugar de trabajo.

4.1. Estilos de liderazgo y liderazgo motivacional:

El liderazgo juega un papel fundamental para inspirar y motivar a los empleados. Los líderes que entienden el poder de la motivación y lo cultivan activamente dentro de sus equipos pueden impulsar altos niveles de compromiso, productividad y satisfacción laboral.

Los diferentes estilos de liderazgo tienen diferentes efectos en la motivación de los empleados. Los líderes transformacionales, por ejemplo, inspiran y motivan a los empleados estableciendo una visión convincente, fomentando un sentido de propósito y empoderando a las personas para que alcancen su máximo potencial. Estos líderes fomentan la creatividad, la innovación y la mejora continua, fomentando una cultura de motivación.

Por otro lado, los líderes que adoptan un estilo de laissez-faire o liderazgo autocrático pueden sofocar inadvertidamente la motivación. La falta de participación o dirección de un líder de laissez-faire puede conducir a una falta de claridad y responsabilidad, lo que afecta negativamente a la motivación de los empleados. Del mismo modo, un líder autocrático que impone un control rígido y limita la autonomía de los empleados puede obstaculizar la motivación intrínseca.

Al cultivar estilos de liderazgo que prioricen la motivación, las organizaciones pueden establecer el tono de un entorno de trabajo motivador. Los líderes deben inspirar, empoderar y apoyar a sus equipos, creando una cultura donde la motivación prospere.

4.2. Apoyo y recursos de la organización:

El apoyo organizacional es un elemento crítico para fomentar la motivación de los empleados. Cuando los empleados se sienten apoyados por su organización, es más probable que experimenten un sentido de valor y aprecio por sus contribuciones.

Proporcionar los recursos y herramientas necesarios para funcionar de manera efectiva es un aspecto esencial del apoyo organizacional. Ya se trate de acceso a programas de capacitación y desarrollo, tecnología moderna o niveles de personal adecuados, las organizaciones deben invertir para permitir que los empleados sobresalgan en sus funciones.

Además, el reconocimiento y las recompensas son poderosos motivadores. Las organizaciones deben establecer mecanismos para reconocer y celebrar los logros de los empleados. Esto puede ser en forma de reconocimiento público, recompensas monetarias, promociones u oportunidades de crecimiento y avance. Reconocer los esfuerzos y contribuciones de los empleados refuerza su motivación, aumenta la moral y cultiva un ambiente de trabajo positivo.

Crear una cultura de trabajo de apoyo es igualmente importante. Esto implica fomentar la comunicación abierta, proporcionar oportunidades de retroalimentación y aportaciones, y fomentar el equilibrio entre el trabajo y la vida privada. Cuando los empleados se sienten escuchados, valorados y apoyados, su motivación y compromiso aumentan naturalmente.

4.3. Alineación de objetivos y trabajo significativo:

Un entorno de trabajo motivador alinea las metas individuales con los objetivos de la organización, proporcionando a los empleados un sentido de propósito y significado en su trabajo. Las organizaciones deben asegurarse de que los empleados entiendan cómo sus esfuerzos individuales contribuyen a la misión y visión general de la empresa.

Los líderes pueden facilitar la alineación de objetivos estableciendo canales de comunicación claros, registrando en cascada los objetivos de la organización hasta los equipos y empleados individuales, y asegurando que los objetivos sean SMART (específicos, medibles, alcanzables, relevantes y limitados en el tiempo). Cuando los empleados ven una conexión clara entre sus tareas diarias y los objetivos más amplios de la organización, están más motivados para rendir al máximo.

Además, las organizaciones pueden crear un sentido de significado haciendo hincapié en el impacto positivo del trabajo de los empleados en los clientes, la sociedad o el medio ambiente. Comunicar la importancia de sus contribuciones ayuda a los empleados a conectarse con un propósito más alto, fomentando la motivación intrínseca y un sentido de satisfacción.

4.4. Mejora continua y cultura de aprendizaje:

Un entorno de trabajo motivador adopta una cultura de mejora y aprendizaje continuos. Las organizaciones que animan a los empleados a mejorar sus habilidades, explorar nuevas ideas y adoptar la innovación crean un entorno en el que la motivación prospera.

Al proporcionar oportunidades de desarrollo profesional, programas de capacitación y tutoría, las organizaciones demuestran su compromiso con el crecimiento y el desarrollo de los empleados. Alentar a los empleados a asumir tareas desafiantes, participar en proyectos multifuncionales o perseguir nuevas áreas de interés les permite ampliar sus capacidades y mantenerse motivados.

Las organizaciones también deben adoptar una cultura que valore el aprendizaje de los fracasos y errores. La creación de un espacio seguro donde los empleados puedan experimentar, asumir riesgos calculados y aprender de los contratiempos fomenta la innovación y la resiliencia. Cuando los empleados se sienten apoyados en su crecimiento y tienen la libertad de aprender y mejorar, su motivación sigue siendo alta.

En resumen, la construcción de una cultura de motivación requiere un liderazgo efectivo, apoyo organizacional, alineación de objetivos y una mentalidad de mejora continua. Los líderes deben inspirar y empoderar a sus equipos, mientras que las organizaciones deben proporcionar los recursos y el reconocimiento necesarios para fomentar la motivación. Al crear un entorno de trabajo motivador, las organizaciones pueden desbloquear todo el potencial de sus empleados e impulsar el éxito sostenido.

Capítulo 5: Diseño de trabajos motivacionales: variedad de tareas, autonomía y desarrollo de habilidades

El diseño de los trabajos juega un papel importante en la configuración de la motivación y la satisfacción de los empleados. Los trabajos que ofrecen variedad de tareas, autonomía y oportunidades para el desarrollo de habilidades tienen el potencial de mejorar la motivación intrínseca y crear un entorno de trabajo más atractivo. En este capítulo, exploraremos cómo las organizaciones pueden diseñar trabajos para maximizar la motivación y fomentar el crecimiento de los empleados.

5.1. Variedad de tareas y enriquecimiento del trabajo:

Las tareas monótonas y repetitivas pueden conducir rápidamente al aburrimiento y la desmotivación. Por otro lado, los trabajos que ofrecen variedad de tareas brindan a los empleados oportunidades para participar en diversas actividades y desarrollar una gama más amplia de habilidades.

El enriquecimiento del trabajo implica rediseñar las tareas para proporcionar a los empleados un trabajo más desafiante y significativo. Esto se puede lograr ampliando el alcance de las responsabilidades, otorgando autoridad para la toma de decisiones y permitiendo que los empleados se hagan cargo de su trabajo.

Al incorporar la variedad de tareas y el enriquecimiento del trabajo, las organizaciones aprovechan la motivación intrínseca de los empleados. Involucrar a los empleados en una variedad de tareas los mantiene estimulados intelectualmente y fomenta una sensación de logro, lo que lleva a una mayor motivación y satisfacción laboral.

5.2. Autonomía y empoderamiento:

La autonomía es un factor clave para conducir la motivación. Cuando los empleados tienen un grado de libertad y discreción en la forma en que abordan su trabajo, sienten un sentido de propiedad y responsabilidad. Esta autonomía les permite tomar decisiones, resolver problemas de forma creativa y tomar la iniciativa.

Las organizaciones pueden promover la autonomía proporcionando directrices y expectativas claras, al tiempo que permiten a los empleados la flexibilidad para determinar cómo logran sus objetivos. Los líderes pueden fomentar la autonomía confiando en el juicio de sus empleados, delegando la autoridad para tomar decisiones y proporcionando apoyo y orientación cuando sea necesario.

Empoderar a los empleados a través de la autonomía crea una sensación de empoderamiento y fomenta la automotivación. Los empleados se sienten valorados y de confianza, lo que lleva a una mayor motivación, compromiso y pensamiento innovador.

5.3. Oportunidades de desarrollo de habilidades y crecimiento:

Los empleados están motivados por las oportunidades de aprender, desarrollar nuevas habilidades y crecer en sus carreras. Las organizaciones que priorizan el desarrollo de habilidades y ofrecen oportunidades de crecimiento crean un entorno que alimenta la motivación y el compromiso.

Proporcionar programas de capacitación, talleres y oportunidades de tutoría permite a los empleados ampliar su base de conocimientos y adquirir nuevas competencias. Además, las organizaciones pueden ayudar a los empleados a obtener certificaciones, educación superior o cursos de desarrollo profesional.

Las oportunidades de avance profesional también son esenciales para la motivación. Los caminos claros para el crecimiento, las promociones y la movilidad ascendente proporcionan a los empleados un sentido de dirección y propósito. Es más probable que los empleados se mantengan motivados y comprometidos cuando ven oportunidades de avance dentro de la organización.

Las organizaciones pueden fomentar el desarrollo y el crecimiento de las habilidades mediante la implementación de planes de desarrollo individuales, la realización de debates regulares sobre el rendimiento y el suministro de comentarios constructivos. Los gerentes pueden servir como entrenadores, apoyando a los empleados en la identificación de sus áreas de desarrollo y la creación de planes viables.

5.4. Reconocimiento y recompensas:

El reconocimiento y las recompensas son poderosos motivadores que refuerzan el comportamiento deseado y contribuyen a un ambiente de trabajo motivador. Los empleados que se sienten apreciados por sus contribuciones tienen más probabilidades de permanecer motivados y comprometidos.

Las organizaciones pueden implementar programas formales de reconocimiento para reconocer y celebrar los logros de los empleados. Esto puede tomar la forma de premios al empleado del mes, programas de reconocimiento entre pares o apreciación pública durante las reuniones del equipo. Además del reconocimiento formal, los gerentes deben proporcionar retroalimentación regular y aprecio por los esfuerzos individuales.

Las recompensas pueden ser tanto monetarias como no monetarias. Las recompensas monetarias, como bonificaciones o aumentos salariales, pueden estar vinculadas al rendimiento o a hitos específicos. Las recompensas no monetarias, como el tiempo libre adicional, los arreglos de trabajo flexibles o las oportunidades para trabajar en proyectos especiales, también contribuyen a la motivación de los empleados.

Es importante tener en cuenta que el reconocimiento y las recompensas deben estar alineados con los valores y objetivos de la organización. La equidad y la transparencia en la distribución de las recompensas son cruciales para mantener un entorno de trabajo motivador.

En conclusión, diseñar trabajos motivantes implica incorporar la variedad de tareas, la autonomía, el desarrollo de habilidades y el reconocimiento. Al ofrecer un trabajo atractivo y significativo, empoderar a los empleados y proporcionar oportunidades de crecimiento, las organizaciones pueden fomentar un entorno de trabajo que alimente la motivación intrínseca y mejore la satisfacción de los empleados.

Capítulo 6: Fomentar las relaciones positivas: trabajo en equipo, colaboración y reconocimiento

Las relaciones positivas dentro del lugar de trabajo son esenciales para crear un entorno motivador y atractivo. Cuando los empleados se sienten conectados, apoyados y valorados por sus colegas y equipos, su motivación y satisfacción laboral prosperan. En este capítulo, exploraremos la importancia del trabajo en equipo, la colaboración y el reconocimiento para fomentar relaciones positivas.

6.1. Trabajo en equipo y colaboración:

El trabajo en equipo es la base de un entorno de trabajo cohesiono y productivo. Cuando los empleados colaboran de manera efectiva, reúnen sus diversas habilidades, conocimientos y perspectivas para lograr objetivos compartidos. Esta colaboración fomenta un sentido de camaradería, confianza y apoyo mutuo entre los miembros del equipo.

Las organizaciones pueden promover el trabajo en equipo fomentando una cultura que valora la colaboración. Esto implica crear oportunidades para proyectos multifuncionales, fomentar el intercambio de conocimientos y promover canales de comunicación abiertos. Las actividades de formación de equipos, como retiros en equipo o talleres, también pueden ayudar a fortalecer las relaciones y mejorar la colaboración.

El trabajo en equipo efectivo requiere roles y responsabilidades claros, una comunicación abierta y respetuosa y un sentido común de propósito. Cuando los empleados sienten que sus contribuciones son valoradas y sus opiniones son escuchadas, están más motivados para participar activamente y participar en esfuerzos de colaboración.

6.2. Relaciones de trabajo de apoyo:

Las relaciones positivas entre los colegas y entre los empleados y sus supervisores contribuyen a un ambiente de trabajo motivador. Las relaciones de trabajo de apoyo crean un sentido de pertenencia, confianza y seguridad psicológica, donde las personas se sienten cómodas asumiendo riesgos, compartiendo ideas y buscando ayuda cuando es necesario.

Los líderes pueden fomentar relaciones de trabajo de apoyo promoviendo una cultura de empatía, respeto y aprecio. Alentar a los empleados a escuchar activamente, proporcionar comentarios constructivos y ofrecer asistencia a sus colegas cultiva un ambiente de colaboración y apoyo.

Los gerentes deben liderar con el ejemplo, demostrando comportamientos de apoyo y abordando conflictos o problemas de manera oportuna y justa. Construir relaciones sólidas con los miembros de su equipo a través de la comunicación regular, el entrenamiento y la tutoría mejora aún más la motivación y el compromiso.

Las organizaciones también pueden crear oportunidades para interacciones sociales y actividades de trabajo en equipo fuera de las tareas relacionadas con el trabajo. Esto puede incluir eventos sociales, proyectos de servicio comunitario o iniciativas de bienestar. Estas actividades ayudan a los empleados a conectarse a nivel personal, fortaleciendo las relaciones y fomentando un ambiente de trabajo positivo.

6.3. Reconocimiento y apreciación:

El reconocimiento y la apreciación son herramientas poderosas para fomentar relaciones positivas y motivar a los empleados. Cuando las personas se sienten valoradas y reconocidas por sus contribuciones, mejora su sentido de pertenencia y refuerza su motivación para sobresalir.

Las organizaciones deben establecer una cultura de reconocimiento, donde se reconozcan y celebren los logros y los esfuerzos. Esto se puede hacer a través de programas de reconocimiento formal, como premios al empleado del mes, reconocimiento de pares o correos electrónicos de agradecimiento. El reconocimiento informal, como los elogios verbales y las expresiones de gratitud, son igualmente importantes para fomentar las relaciones positivas.

Los gerentes desempeñan un papel crucial a la hora de proporcionar un reconocimiento oportuno y específico a los miembros de su equipo. La retroalimentación regular, las discusiones sobre el rendimiento y las reuniones individuales presentan oportunidades para que los gerentes expresen su aprecio y reconozcan los logros individuales y de equipo.

Además, las organizaciones deben fomentar una cultura de reconocimiento entre pares, en la que los empleados estén facultados para reconocer y apreciar las contribuciones de sus colegas. Esto fortalece las relaciones, promueve un ambiente de trabajo de apoyo y mejora la motivación general.

6.4. Resolución de conflictos y mediación:

El conflicto es una parte inevitable de cualquier lugar de trabajo, pero la forma en que se gestiona tiene un impacto significativo en las relaciones y la motivación. Las organizaciones deben tener mecanismos eficaces de resolución de conflictos para abordar los problemas de manera rápida y justa.

Los gerentes deben estar capacitados en técnicas de gestión de conflictos, como la escucha activa, la mediación y la negociación. Deben crear un espacio seguro para la comunicación abierta y constructiva, donde los empleados se sientan cómodos expresando sus preocupaciones y encontrando soluciones mutuamente beneficiosas.

Además, las organizaciones pueden establecer procesos formales, como comités de resolución de conflictos o programas de mediación, para ayudar a facilitar la resolución de conflictos más complejos. Al abordar los conflictos de manera rápida y justa, las organizaciones evitan el impacto negativo que pueden tener en las relaciones y la motivación.

En conclusión, fomentar relaciones positivas a través del trabajo en equipo, la colaboración, el reconocimiento y la resolución de conflictos es crucial para un entorno de trabajo motivador. Cuando los empleados se sienten apoyados, valorados y conectados, su motivación y satisfacción laboral florecen, lo que lleva a un aumento de la productividad y el éxito de la organización.

Parte 3: Estrategias de Motivación Intrínseca

Capítulo 7: Trabajo significativo: Alinear los valores de los empleados con la misión de la organización

La motivación intrínseca es una fuerza poderosa que impulsa a las personas a encontrar propósito, satisfacción y satisfacción en su trabajo. Cuando los empleados perciben su trabajo como significativo y alineado con sus valores personales, su motivación se dispara. En este capítulo, exploraremos estrategias para alinear los valores de los empleados con la misión de la organización de mejorar la motivación intrínseca.

7.1. Definición de la misión y los valores de la organización:

Para alinear los valores de los empleados con la misión de la organización, es crucial tener una declaración de misión clara y bien definida y valores fundamentales. La declaración de la misión debe articular el propósito, la visión y los objetivos de la organización, mientras que los valores fundamentales definen los principios rectores que dan forma a su cultura y comportamiento.

Cuando la misión y los valores de la organización se comunican y entienden claramente, los empleados pueden evaluar sus valores personales y evaluar la alineación entre sus valores y los de la organización. Esta alineación fomenta un sentido de propósito y crea una base sólida para la motivación intrínseca.

7.2. Comunicar la misión y los valores de la organización:

La comunicación efectiva es clave para garantizar que los empleados entiendan y acepten la misión y los valores de la organización. Los líderes deben comunicar y reforzar constantemente estos mensajes a través de varios canales, como reuniones en toda la empresa, boletines internos y plataformas digitales.

Contar historias puede ser una herramienta poderosa para transmitir la misión y los valores de la organización. Compartir ejemplos de la vida real de cómo los empleados han tenido un impacto positivo o han encarnado los valores fundamentales puede inspirar e involucrar a otros. Estas historias ayudan a los empleados a conectarse emocionalmente con la misión de la organización, reforzando su sentido de propósito y motivación.

Además, los líderes deben fomentar el diálogo abierto y el debate sobre la misión y los valores de la organización. Esto permite a los empleados hacer preguntas, proporcionar comentarios y contribuir a dar forma a la cultura de la organización. Involucrar a los empleados en conversaciones significativas sobre la misión y los valores fomenta un sentido de propiedad y fortalece su conexión con la organización.

7.3. Empoderar la autonomía de los empleados y la toma de decisiones:

Para mejorar la motivación intrínseca, las organizaciones deben empoderar a los empleados para que tomen decisiones y se hagan cargo de su trabajo. Al otorgar un cierto grado de autonomía, las personas tienen la libertad de alinear su trabajo con sus valores y tomar decisiones que contribuyan a la misión de la organización.

Los líderes pueden fomentar la autonomía de los empleados delegando autoridad, fomentando el pensamiento independiente y proporcionando oportunidades para la innovación y la creatividad. Cuando los empleados tienen la libertad de alinear su trabajo con sus valores personales, sienten un mayor sentido de responsabilidad y motivación para ofrecer resultados excepcionales.

7.4. Vinculación de las contribuciones individuales a la misión organizativa:

Es más probable que los empleados estén intrínsecamente motivados cuando pueden ver claramente cómo sus contribuciones individuales contribuyen a la misión organizativa más amplia. Las organizaciones deben establecer mecanismos para conectar los puntos entre el trabajo de los empleados y el impacto que tiene en los clientes, las partes interesadas o la sociedad.

Los gerentes deben comunicar y reconocer regularmente la importancia de las contribuciones de los empleados. Al destacar cómo su trabajo se alinea con la misión de la organización, los gerentes refuerzan el sentido de significado y propósito, motivando a los empleados a luchar por la excelencia.

Además, las organizaciones pueden crear oportunidades para que los empleados participen en proyectos o iniciativas que apoyen directamente la misión de la organización. Esta participación permite a los empleados ver de primera mano el impacto de su trabajo y profundiza aún más su sentido de propósito.

7.5. Proporcionar oportunidades de desarrollo:

Para fomentar la motivación intrínseca, las organizaciones deben proporcionar a los empleados oportunidades de crecimiento y desarrollo. Cuando las personas ven un camino para el avance y la mejora de las habilidades, es más probable que sientan un sentido de propósito y motivación intrínseca.

Las organizaciones pueden ofrecer programas de capacitación, relaciones de tutoría y tareas de estiramiento que se alinean con los objetivos de desarrollo personal y profesional de los empleados. Estas oportunidades no solo mejoran los conjuntos de habilidades de los empleados, sino que también demuestran el compromiso de la organización con su crecimiento.

Además, las organizaciones pueden ayudar a los empleados a realizar actividades fuera de sus responsabilidades básicas que se alineen con sus valores. Esto puede incluir oportunidades de voluntariado, proyectos de impacto social o participación en iniciativas de responsabilidad social corporativa. Al permitir que los empleados participen en un trabajo que resuena con sus valores, las organizaciones mejoran su sentido de propósito y su motivación intrínseca.

En conclusión, alinear los valores de los empleados con la misión de la organización es crucial para mejorar la motivación intrínseca. Al definir y comunicar la misión y los valores, empoderar la autonomía de los empleados, vincular las contribuciones individuales a la misión y proporcionar oportunidades de desarrollo, las organizaciones pueden crear un entorno de trabajo donde los empleados encuentren significado, satisfacción y un fuerte sentido de propósito en su trabajo.

Capítulo 8: Establecimiento de objetivos para la motivación: Objetivos Inteligentes y más allá

Establecer objetivos claros y significativos es un aspecto fundamental de impulsar la motivación y el rendimiento en el lugar de trabajo. En este capítulo, exploraremos la importancia de establecer objetivos y profundizaremos en estrategias efectivas, incluido el ampliamente reconocido marco de objetivos SMART (Específico, Medible, Alcanzable, Relevante, Con Plazos) y otros enfoques innovadores para el establecimiento de objetivos.

8.1. La importancia del establecimiento de objetivos:

El establecimiento de objetivos proporciona a los empleados un sentido de dirección, propósito y enfoque. Cuando las personas tienen objetivos claros, es más probable que se mantengan motivadas, progresen y experimenten una sensación de logro. Las metas bien definidas también ayudan a alinear los esfuerzos individuales con los objetivos de la organización, impulsando el éxito general.

8.2. El marco de objetivos SMART:

El marco de objetivos SMART ha sido reconocido durante mucho tiempo como un enfoque eficaz para el establecimiento de objetivos. Vamos a desglosar cada elemento:

Específico: Los objetivos deben ser específicos y bien definidos. Articular claramente lo que hay que lograr, proporcionando claridad y enfoque. Los objetivos específicos no dejan lugar a la ambigüedad, asegurando que los empleados entiendan lo que se espera de ellos.

Medible: Los objetivos deben ser medibles para que se pueda hacer un seguimiento del progreso y el éxito. Mediante el uso de métricas o indicadores cuantificables, los empleados pueden medir objetivamente su rendimiento y evaluar su progreso hacia el logro del objetivo.

Alcanzable: Los objetivos deben ser realistas y alcanzables. Es importante establecer objetivos desafiantes, pero también deberían estar dentro del ámbito de las posibilidades. Cuando los empleados creen que pueden alcanzar los objetivos, su motivación aumenta.

Relevante: Las metas deben ser relevantes y estar alineadas con los objetivos más amplios de la organización. Cuando los empleados ven la conexión entre sus objetivos y la misión general de la organización, es más probable que estén motivados y comprometidos a lograrlos.

Plazo limitado: Los objetivos deben tener una línea de tiempo o fecha límite definida. Establecer plazos específicos crea una sensación de urgencia y ayuda a los empleados a priorizar sus tareas y asignar recursos de manera efectiva.

El marco de objetivos SMART proporciona un enfoque estructurado para el establecimiento de objetivos, asegurando que las metas estén bien definidas, medibles, realistas, alineadas y limitadas en el tiempo. Sin embargo, es importante tener en cuenta que el establecimiento de objetivos no es un enfoque único para todos, y las organizaciones deben explorar otras estrategias innovadoras para mejorar la motivación y el logro de objetivos.

8.3. Más allá de SMART: Enfoques innovadores de establecimiento de objetivos:

Si bien los objetivos SMART se utilizan ampliamente, las organizaciones también pueden considerar enfoques innovadores para el establecimiento de objetivos que mejoren aún más la motivación y el compromiso. Aquí hay algunos ejemplos:

Objetivos de estiramiento: Establecer objetivos de estiramiento desafía a los empleados a superar sus límites y ir más allá de sus zonas de confort. Estos objetivos pueden parecer inicialmente difíciles o incluso inalcanzables, pero pueden inspirar a los empleados a alcanzar nuevos niveles de rendimiento y liberar todo su potencial.

Objetivos de aprendizaje: Además de los objetivos basados en los resultados, las organizaciones pueden enfatizar los objetivos de aprendizaje. Estos objetivos se centran en adquirir nuevos conocimientos, habilidades o competencias. Al fomentar una cultura de aprendizaje y crecimiento continuos, las organizaciones empoderan a los empleados para que amplíen sus capacidades y se mantengan motivados.

Establecimiento ágil de objetivos: en entornos dinámicos y de ritmo rápido, el establecimiento de objetivos tradicional puede ser demasiado rígido. El establecimiento ágil de objetivos implica el establecimiento de objetivos a corto plazo que se pueden ajustar y adaptar a medida que cambian las circunstancias. Este enfoque permite la flexibilidad, la capacidad de respuesta y la alineación con las prioridades en evolución.

Establecimiento de objetivos colaborativos: La participación de los empleados en el proceso de establecimiento de objetivos fomenta la propiedad y el compromiso. Las organizaciones pueden animar a los empleados a participar activamente en el establecimiento de sus propios objetivos o colaborar con sus gerentes para establecer objetivos compartidos. Este enfoque colaborativo mejora la motivación, la rendición de cuentas y el compromiso con el logro de los objetivos.

8.4. Supervisión y retroalimentación:

El establecimiento de objetivos no es un evento único; requiere un seguimiento, retroalimentación y ajuste continuos. Los gerentes deben revisar regularmente el progreso, proporcionar comentarios constructivos y ofrecer apoyo para garantizar que los empleados se mantengan en el camino hacia el logro de sus objetivos. Este bucle de retroalimentación continua mantiene a los empleados motivados, ayuda a superar los desafíos y permite correcciones de curso si es necesario.

En conclusión, el establecimiento de objetivos es un poderoso motivador en el lugar de trabajo. Al utilizar el marco de objetivos SMART y explorar enfoques innovadores, las organizaciones pueden crear una cultura de establecimiento de objetivos que inspire a los empleados, alinee sus esfuerzos con los objetivos de la organización e impulse altos niveles de rendimiento y logro. El monitoreo regular, la retroalimentación y la adaptación son cruciales para mantener la motivación y garantizar el éxito de los objetivos.

Capítulo 9: Cultivar la mentalidad de crecimiento: oportunidades de aprendizaje y desarrollo

Una mentalidad de crecimiento es la creencia de que la inteligencia, las habilidades y las habilidades se pueden desarrollar a través de la dedicación, el esfuerzo y el aprendizaje continuo. En este capítulo, exploraremos la importancia de cultivar la mentalidad de crecimiento dentro del lugar de trabajo y el papel de las oportunidades de aprendizaje y desarrollo en el fomento de esta mentalidad.

9.1. Comprender la mentalidad de crecimiento:

Una mentalidad de crecimiento se caracteriza por la creencia de que las personas pueden mejorar sus habilidades y talentos a través del aprendizaje, la práctica y la resiliencia. Hace hincapié en el poder del esfuerzo, aceptar los desafíos, buscar retroalimentación y ver los fracasos como oportunidades de crecimiento.

Cultivar una mentalidad de crecimiento entre los empleados es esencial para crear una fuerza de trabajo motivada y ágil. Cuando las personas creen en su capacidad de aprender y desarrollarse, es más probable que afronten nuevos desafíos, persistan frente a los obstáculos y busquen continuamente oportunidades de mejora.

9.2. Promover una cultura de aprendizaje:

Las organizaciones deben fomentar una cultura de aprendizaje que fomente y apoye la búsqueda de conocimientos y habilidades por parte de los empleados. Una cultura de aprendizaje valora el aprendizaje continuo, abraza la innovación y proporciona recursos y oportunidades para que los empleados amplíen sus conocimientos y capacidades.

Los líderes desempeñan un papel vital en la promoción de una cultura de aprendizaje dando el ejemplo y participando activamente en iniciativas de aprendizaje y desarrollo. Pueden alentar a los empleados a participar en el aprendizaje autodirigido, proporcionar acceso a recursos de aprendizaje y apoyar los programas de desarrollo profesional.

Las organizaciones también pueden establecer plataformas de intercambio de conocimientos, programas de tutoría y oportunidades de capacitación multifuncional para facilitar el intercambio de ideas y habilidades entre los empleados. Al crear un entorno de apoyo que valore el aprendizaje, las organizaciones empoderan a los empleados para desarrollar una mentalidad de crecimiento y mejorar continuamente su rendimiento.

9.3. Oportunidades de aprendizaje y desarrollo:

Proporcionar a los empleados oportunidades de aprendizaje y desarrollo es una forma poderosa de fomentar una mentalidad de crecimiento. Estas oportunidades pueden tomar varias formas:

Programas de formación: Las organizaciones pueden ofrecer programas de formación adaptados a los roles y aspiraciones profesionales de los empleados. Estos programas pueden incluir talleres, seminarios, cursos en línea o certificaciones. Al equipar a los empleados con nuevos conocimientos y habilidades, las organizaciones los empoderan para asumir nuevos desafíos y ampliar sus capacidades.

Entrenamiento y tutoría: Emparejar a los empleados con entrenadores o mentores experimentados puede proporcionar una valiosa orientación y apoyo. Los entrenadores y mentores ofrecen comentarios, comparten ideas y ayudan a las personas a establecer y alcanzar objetivos de desarrollo. Este enfoque personalizado acelera el aprendizaje y fomenta una mentalidad de crecimiento.

Rotación de trabajo y asignaciones de estiramiento: La rotación de trabajo implica mover a los empleados a través de diferentes roles o departamentos para ampliar sus habilidades y perspectivas. Las tareas de estiramiento son proyectos o tareas que desafían a los empleados más allá de sus capacidades actuales. Estas oportunidades animan a los empleados a salir de sus zonas de confort, desarrollar nuevas habilidades y adoptar el aprendizaje continuo.

Discusiones de retroalimentación y rendimiento: Las discusiones periódicas de retroalimentación y rendimiento crean oportunidades de aprendizaje y crecimiento. Los gerentes deben proporcionar comentarios constructivos, reconocer el progreso y ayudar a los empleados a identificar áreas de mejora. Estas conversaciones fomentan una mentalidad de crecimiento al alentar a las personas a ver la retroalimentación como un catalizador para el desarrollo.

Comunidades y redes de aprendizaje: animar a los empleados a unirse a las comunidades de aprendizaje y a las redes profesionales facilita el intercambio de conocimientos y la colaboración. Estas comunidades pueden ser internas, como grupos de recursos para empleados o comunidades de práctica, o externas, como grupos o conferencias específicos de la industria. Involucrarse con compañeros y expertos amplía las perspectivas de los empleados y fomenta el aprendizaje continuo.

9.4. Mentalidad de crecimiento de reconocimiento y recompensa:

Reconocer y recompensar a los empleados que demuestran una mentalidad de crecimiento refuerza su importancia y anima a otros a aceptarla. Las organizaciones pueden reconocer y celebrar a las personas que persiguen activamente el aprendizaje y el desarrollo, asumen desafíos y demuestran resiliencia ante los contratiempos. Este reconocimiento puede tomar la forma de elogios verbales, certificados u oportunidades de promoción profesional.

Al reconocer y recompensar una mentalidad de crecimiento, las organizaciones crean una cultura que valora el aprendizaje, la mejora y la adaptabilidad continuos. Esto, a su vez, cultiva una fuerza de trabajo motivada y comprometida que está impulsada por una pasión por el crecimiento y el desarrollo.

En conclusión, cultivar una mentalidad de crecimiento dentro del lugar de trabajo es esencial para promover el aprendizaje continuo, la resiliencia y la motivación. Al promover una cultura de aprendizaje, proporcionar oportunidades de aprendizaje y desarrollo, y reconocer y recompensar una mentalidad de crecimiento, las organizaciones crean un entorno en el que los empleados están facultados para aceptar desafíos, persistir frente a obstáculos y desarrollar continuamente sus habilidades y habilidades..

Parte 4: Estrategias de Motivación Extrínseca

Capítulo 10: Compensación y beneficios competitivos: Recompensar el rendimiento

Si bien la motivación intrínseca es importante, las organizaciones también deben considerar estrategias de motivación extrínseca para impulsar el rendimiento y la satisfacción de los empleados. En este capítulo, exploraremos el papel de la remuneración competitiva y los beneficios para recompensar el rendimiento y motivar a los empleados.

10.1. La importancia de la compensación y los beneficios:

La compensación y los beneficios desempeñan un papel importante en la atracción, retención y motivación de los empleados. Un paquete de compensación competitivo y justo demuestra el compromiso de una organización de reconocer y recompensar las contribuciones de los empleados. Es esencial establecer una estructura de compensación que se alinee con los estándares de la industria y tenga en cuenta factores como las responsabilidades laborales, la experiencia y las condiciones del mercado.

Más allá de la compensación monetaria, las organizaciones también deben considerar la importancia de beneficios como el seguro de salud, los planes de jubilación, el tiempo libre pagado y otros beneficios que contribuyen al bienestar general de los empleados y al equilibrio entre el trabajo y la vida privada. Estos beneficios mejoran la satisfacción laboral y proporcionan una sensación de seguridad y estabilidad.

10.2. Diseño de sistemas de compensación basados en el rendimiento:

Para vincular la compensación con el rendimiento, las organizaciones pueden implementar sistemas de compensación basados en el rendimiento. Estos sistemas vinculan una parte de la remuneración de un empleado directamente a su rendimiento individual o de equipo. Las consideraciones clave al diseñar dichos sistemas incluyen:

Métricas de rendimiento claras: Establecer métricas de rendimiento claras y medibles es crucial. Los empleados deben tener una comprensión clara de los criterios utilizados para evaluar su rendimiento y determinar su remuneración.

Proceso de evaluación del rendimiento: Implementar un sólido proceso de evaluación del rendimiento que incluya retroalimentación regular, establecimiento de objetivos y discusiones sobre el rendimiento. Este proceso debe ser justo, transparente y proporcionar oportunidades para que los empleados demuestren sus logros y contribuciones.

Diferenciación de las recompensas: Diferenciar la compensación en función de los niveles de rendimiento. Las personas de alto rendimiento pueden ser recompensadas con bonificaciones más altas, aumentos salariales u otras formas de reconocimiento. Esta diferenciación refuerza una cultura impulsada por el rendimiento y motiva a los empleados a luchar por la excelencia.

Comunicación y transparencia: Comunicar de forma transparente el sistema de compensación basado en el rendimiento a los empleados. Proporcionarles una comprensión clara de cómo su rendimiento afecta a su compensación y las oportunidades disponibles para la mejora y el crecimiento.

10.3. Programas de incentivos variables:

Los programas de incentivos variables ofrecen recompensas financieras adicionales basadas en objetivos de rendimiento o hitos predefinidos. Estos programas pueden adoptar la forma de incentivos individuales, de equipo o de toda la organización. Las consideraciones clave para la implementación de programas de incentivos variables incluyen:

Establecer objetivos significativos: Los objetivos vinculados al programa de incentivos deben ser desafiantes pero alcanzables. Los objetivos claros proporcionan a los empleados un sentido de la dirección y los motivan a trabajar para obtener los incentivos.

Desembolso de la recompensa a tiempo: la puntualidad es crucial para recompensar el rendimiento. Los incentivos deben desembolsarse rápidamente después de que se alcancen los objetivos, reforzando la conexión entre el rendimiento y la recompensa.

Medidas equilibradas: Considere un enfoque equilibrado al seleccionar las medidas de rendimiento para el programa de incentivos. Concéntrese en las medidas cuantitativas y cualitativas que se alinean con los objetivos de la organización y los comportamientos deseados.

Evaluación y ajustes regulares: Evalúe regularmente la eficacia del programa de incentivos variables y realice los ajustes según sea necesario. Solicite comentarios de los empleados y gerentes para garantizar que el programa se mantenga alineado con las cambiantes prioridades comerciales y las expectativas de los empleados.

10.4. Recompensas y reconocimiento no financieros:

Además de la compensación monetaria, las recompensas no financieras y los programas de reconocimiento son vitales para motivar a los empleados. Las recompensas no financieras pueden incluir:

Reconocimiento verbal y escrito: Reconocer y apreciar regularmente los esfuerzos y logros de los empleados a través de elogios verbales, notas de agradecimiento escritas o reconocimiento público en reuniones de equipo o boletines informativos. Este reconocimiento refuerza una cultura de trabajo positiva y fomenta un sentido de orgullo y logro.

Oportunidades de desarrollo profesional: Proporcionar a los empleados oportunidades de crecimiento, avance y desarrollo de habilidades. Esto puede incluir el acceso a programas de capacitación, relaciones de tutoría o promociones. La oportunidad de progresión profesional es un poderoso motivador para los empleados.

Arreglos de trabajo flexibles: Ofrecer flexibilidad en los arreglos de trabajo, como las opciones de trabajo remoto o la programación flexible, puede ser una valiosa recompensa no financiera. Demuestra confianza y respeto por el equilibrio entre el trabajo y la vida personal de los empleados y puede mejorar la satisfacción laboral.

Iniciativas de participación de los empleados: Implementar iniciativas que fomenten la participación de los empleados, como eventos de apreciación de los empleados, actividades de creación de equipos o iniciativas de responsabilidad social.

Estas iniciativas crean un ambiente de trabajo positivo y fortalecen la moral de los empleados.

En conclusión, la compensación y los beneficios competitivos, combinados con los sistemas de recompensa basados en el rendimiento y el reconocimiento no financiero, son esenciales para motivar a los empleados. Al garantizar una compensación justa y competitiva, diseñar sistemas de compensación basados en el rendimiento, implementar programas de incentivos variables y ofrecer recompensas y reconocimiento no financieros, las organizaciones pueden crear una cultura de motivación y rendimiento en la que los empleados se sientan valorados, comprometidos y recompensados por sus contribuciones.

Capítulo 11: Reconocimiento del rendimiento: Programas efectivos de recompensa y reconocimiento

Reconocer y apreciar el rendimiento de los empleados es un aspecto crucial para mantener la motivación, el compromiso y la productividad dentro de una organización. En este capítulo, exploraremos la importancia de los programas efectivos de recompensa y reconocimiento para reconocer y celebrar los logros de los empleados.

11.1. El poder del reconocimiento:

El reconocimiento es una necesidad humana fundamental que alimenta la motivación y refuerza los comportamientos positivos. Cuando los empleados se sienten apreciados y valorados por sus contribuciones, es más probable que estén comprometidos, satisfechos y comprometidos con su trabajo. Los programas de reconocimiento proporcionan una plataforma para expresar gratitud y reconocer los esfuerzos y logros de las personas y los equipos.

11.2. Diseñar un programa efectivo de recompensa y reconocimiento:

Para crear un programa eficaz de recompensa y reconocimiento, las organizaciones deben tener en cuenta los siguientes elementos:

Criterios y normas claros: Establezca criterios y normas claros para el reconocimiento a fin de garantizar la equidad y la coherencia. Defina lo que constituye un rendimiento excepcional y especifique los comportamientos o resultados que son elegibles para el reconocimiento.

Puntualidad: El reconocimiento oporto es esencial para maximizar su impacto. Reconocer y recompensar a los empleados lo antes posible después de que hayan logrado resultados excepcionales o hayan demostrado un comportamiento excepcional. Este reconocimiento inmediato refuerza la conexión entre la acción y el reconocimiento, mejorando su eficacia.

Personalización: Personaliza el reconocimiento para que sea significativo e impactante. Tenga en cuenta las preferencias, los intereses y los valores individuales al determinar el tipo de reconocimiento que se proporcionará. Adaptar el reconocimiento a cada destinatario aumenta su importancia y demuestra que sus contribuciones únicas son valoradas.

Variedad de métodos de reconocimiento: Implementar una variedad de métodos de reconocimiento para satisfacer diferentes preferencias y circunstancias. Esto puede incluir elogios verbales, notas escritas, anuncios públicos, certificados, trofeos o recompensas simbólicas. Ofrecer una gama de opciones de reconocimiento permite la flexibilidad y garantiza que los logros de cada empleado se celebren de una manera que resuene con ellos.

Reconocimiento entre pares: Fomentar el reconocimiento entre pares como una forma de fomentar un entorno de trabajo positivo y de apoyo. Los programas de reconocimiento entre pares empoderan a los empleados para apreciar y reconocer las contribuciones de sus colegas. Este tipo de reconocimiento promueve una cultura de trabajo en equipo, colaboración y apreciación mutua.

Transparencia y comunicación: Comunique el programa de reconocimiento claramente a todos los empleados, describiendo los criterios, el proceso y los beneficios. La transparencia en el programa genera confianza y garantiza que los empleados entiendan cómo se gana el reconocimiento. Comunique regularmente historias de éxito y ejemplos de empleados reconocidos para inspirar a otros y resaltar la importancia de sus contribuciones.

11.3. Reconocimiento inclusivo:

Un programa de reconocimiento efectivo debe ser inclusivo y abarcar a todos los empleados, independientemente de su nivel o función dentro de la organización. Todos deberían tener las mismas oportunidades de ser reconocidos por sus logros y contribuciones. Asegúrese de que el programa de reconocimiento sea inclusivo:

Reconocimiento de varios tipos de contribuciones: Reconocer los logros individuales y de equipo, así como las contribuciones de diferentes departamentos o funciones. Reconocer no solo el rendimiento excepcional, sino también los esfuerzos que se alinean con los valores de la organización, como la colaboración, la innovación o el servicio al cliente.

Proceso de nominación inclusiva: Crear un proceso de nominación que permita a los empleados de todos los niveles nominar a sus compañeros para su reconocimiento. Esto garantiza que el reconocimiento no se limite a las iniciativas de arriba hacia abajo, sino que también incluya la apreciación de las bases.

Celebración de hitos: Además de reconocer el rendimiento excepcional, celebre hitos significativos en las carreras de los empleados, como aniversarios de trabajo o logros profesionales. Reconocer estos hitos demuestra el aprecio y el compromiso a largo plazo con el desarrollo y el crecimiento de los empleados.

11.4. Evaluación y mejora continuas:

Evalúe regularmente la eficacia del programa de recompensa y reconocimiento para garantizar su relevancia e impacto continuos. Busque comentarios de los empleados para comprender sus percepciones y experiencias con el programa. Haga ajustes y mejoras basados en los comentarios recibidos para mejorar la eficacia del programa y la alineación con las necesidades de los empleados.

En conclusión, los programas efectivos de recompensa y reconocimiento son esenciales para fomentar la motivación, el compromiso y una cultura de trabajo positiva. Al diseñar un programa que incluya criterios claros, reconocimiento oportuno, personalización, variedad, reconocimiento entre pares, transparencia e inclusión, las organizaciones pueden crear una cultura de aprecio y celebrar los logros de sus empleados. La evaluación periódica y la mejora continua son clave para mantener la relevancia y el impacto del programa.

Capítulo 12: Promoción del equilibrio entre el trabajo y la vida personal: flexibilidad y bienestar de los empleados

Lograr un equilibrio saludable entre el trabajo y la vida privada es esencial para el bienestar, la satisfacción y el rendimiento general de los empleados. En este capítulo, exploraremos la importancia de promover el equilibrio entre el trabajo y la vida privada dentro de la organización a través de iniciativas y estrategias de flexibilidad para apoyar el bienestar de los empleados.

12.1. Comprender el equilibrio entre el trabajo y la vida personal:

El equilibrio entre el trabajo y la vida privada se refiere al equilibrio entre las responsabilidades relacionadas con el trabajo y los compromisos de la vida personal. Implica asignar tiempo y energía al trabajo, la familia, los intereses personales y el cuidado personal, asegurando que las personas puedan prosperar en ambos dominios sin estrés excesivo o agotamiento.

Reconociendo la importancia del equilibrio entre el trabajo y la vida privada en la satisfacción y la productividad de los empleados, las organizaciones han adoptado cada vez más políticas y prácticas para promover la flexibilidad y el bienestar.

12.2. Arreglos de trabajo flexibles:

Los acuerdos de trabajo flexibles ofrecen a los empleados un mayor control sobre cuándo, dónde y cómo trabajan. Al proporcionar flexibilidad, las organizaciones empoderan a los empleados para equilibrar sus responsabilidades personales y profesionales de manera más efectiva. Algunos acuerdos comunes de trabajo flexible incluyen:

Teletrabajo/Trabajo a distancia: Permitir que los empleados trabajen de forma remota, ya sea parcial o a tiempo completo, puede proporcionarles la flexibilidad para gestionar las obligaciones personales sin dejar de cumplir con las responsabilidades laborales. Este arreglo reduce el tiempo de desplazamiento y aumenta la flexibilidad en la organización de los horarios de trabajo.

Flextime: Flextime permite a los empleados tener control sobre sus horas de trabajo, lo que les permite ajustar sus horas de inicio y finalización para adaptarse a los compromisos personales. Esta flexibilidad permite a los empleados lograr un mejor equilibrio entre el trabajo y la vida privada y reduce el estrés asociado con los horarios rígidos.

Semana laboral comprimida: una semana laboral comprimida condensa la semana laboral típica de cinco días en menos días. Por ejemplo, los empleados pueden trabajar cuatro días de diez horas en lugar de cinco días de ocho horas. Este acuerdo puede proporcionar más días libres consecutivos, lo que permite un tiempo personal prolongado y un mejor equilibrio entre el trabajo y la vida privada.

Trabajo compartido: El trabajo compartido implica que dos o más empleados compartan las responsabilidades de un solo puesto a tiempo completo. Este acuerdo permite a las personas dividir la carga de trabajo, proporcionando flexibilidad en la gestión de los compromisos personales sin dejar de cumplir con los requisitos del trabajo.

12.3. Creando una cultura de bienestar de apoyo:

Las organizaciones deben dar prioridad al bienestar de los empleados mediante la creación de una cultura de apoyo y la implementación de estrategias que promuevan la salud física, mental y emocional. Algunos enfoques para fomentar una cultura de bienestar incluyen:

Programas de Asistencia a los Empleados (EAP): Los EAP ofrecen asesoramiento confidencial y servicios de apoyo a los empleados, abordando los desafíos personales y relacionados con el trabajo. Estos programas pueden proporcionar recursos para el manejo del estrés, el apoyo a la salud mental, la orientación financiera y las estrategias de equilibrio entre el trabajo y la vida privada.

Iniciativas de bienestar: Implementar iniciativas de bienestar que fomenten hábitos y comportamientos saludables. Esto puede incluir proporcionar acceso a instalaciones de fitness o subvencionar las membresías del gimnasio, promover la atención plena y las técnicas de relajación, ofrecer talleres de educación para la salud y apoyar las opciones de alimentación saludable en el lugar de trabajo.

Programas de gestión del estrés: Desarrolle programas de gestión del estrés que equipen a los empleados con herramientas y técnicas para gestionar y reducir el estrés en el lugar de trabajo. Esto puede incluir talleres, sesiones de capacitación o acceso a recursos que ayuden a las personas a identificar los desencadenantes del estrés y desarrollar mecanismos de afrontamiento.

Fomentar los descansos y el tiempo libre: Anime a los empleados a tomar descansos regulares durante todo el día y a utilizar sus vacaciones y días personales. Promover la importancia de desconectarse del trabajo durante las horas no laborables para apoyar el bienestar de los empleados y prevenir el agotamiento.

Gestión de la carga de trabajo: Implementar estrategias para gestionar las cargas de trabajo de manera efectiva, asegurando que los empleados no se vean abrumados con tareas excesivas o plazos poco realistas. Esto puede implicar la distribución de la carga de trabajo, técnicas de priorización y el fomento de una cultura que valore el equilibrio entre el trabajo y la vida privada y desaliente las horas extraordinarias excesivas.

12,4 Liderando con el ejemplo:

Los líderes dentro de la organización desempeñan un papel crucial en la promoción del equilibrio entre el trabajo y la vida privada y el bienestar de los empleados. Al liderar con el ejemplo y demostrar activamente su compromiso con el equilibrio entre el trabajo y la vida privada, los líderes crean una cultura que fomenta y apoya la búsqueda de un equilibrio saludable por parte de los empleados. Los líderes pueden:

Practique el equilibrio entre el trabajo y la vida personal: los líderes deben priorizar su propio equilibrio entre el trabajo y la vida personal y comunicar abiertamente su compromiso con el bienestar personal. Al establecer límites, tomar descansos y modelar hábitos de trabajo saludables, los líderes inspiran a los empleados a hacer lo mismo.

Flexibilidad de apoyo: Los líderes deben apoyar y promover acuerdos de trabajo flexibles, asegurándose de que los empleados se sientan empoderados para aprovechar estas opciones sin temor a consecuencias negativas. Los líderes pueden fomentar una comunicación abierta sobre las necesidades de trabajo flexible y abordar de forma proactiva cualquier desafío que pueda surgir.

Fomentar el autocuidado: Los líderes pueden enfatizar la importancia del autocuidado y el bienestar alentando a los empleados a participar en actividades que promuevan la relajación, la reducción del estrés y el crecimiento personal. Esto puede incluir recordar a los empleados que tomen descansos, promover iniciativas de autocuidado o proporcionar recursos y apoyo para el bienestar de los empleados.

En conclusión, la promoción del equilibrio entre el trabajo y la vida privada y el apoyo al bienestar de los empleados son fundamentales para crear un entorno de trabajo positivo y saludable. Al implementar arreglos de trabajo flexibles, fomentar una cultura de bienestar de apoyo y liderar con el ejemplo, las organizaciones pueden mejorar la satisfacción, la productividad y la retención de los empleados al tiempo que promueven una integración armoniosa entre el trabajo y la vida personal

Parte 5: Comunicación y Motivación

Capítulo 13: Comunicación efectiva: Inspirar e involucrar a los empleados

La comunicación efectiva es una piedra angular de la motivación y el compromiso de los empleados. En este capítulo, exploraremos la importancia de la comunicación para inspirar e involucrar a los empleados y proporcionaremos estrategias para fomentar una cultura de comunicación efectiva dentro de las organizaciones.

13.1. El poder de la comunicación:

La comunicación sirve como puente entre líderes y empleados, permitiendo la transmisión de información, ideas e inspiración. Cuando la comunicación es clara, transparente y atractiva, tiene el potencial de motivar y energizar a los empleados, alinearlos con los objetivos de la organización y fomentar un sentido de pertenencia y propósito.

13.2. Comunicación transparente y abierta:

La transparencia es esencial para generar confianza y fomentar el compromiso de los empleados. Las organizaciones deben esforzarse por establecer canales de comunicación abiertos que proporcionen a los empleados acceso a información relevante y les permitan expresar sus pensamientos e inquietudes. Algunas estrategias clave para promover una comunicación transparente y abierta incluyen:

Actualizaciones periódicas: Mantenga a los empleados informados sobre las noticias, actualizaciones y cambios de la organización a través de canales de comunicación regulares, como correos electrónicos, boletines o portales de intranet. Asegúrese de que la información se comparta de manera oportuna y proporcione oportunidades para que los empleados hagan preguntas o busquen aclaraciones.

Reuniones del ayuntamiento: Llevar a cabo reuniones del ayuntamiento o reuniones de todas las manos en las que los líderes puedan comunicarse directamente con los empleados, compartir actualizaciones importantes y participar en un diálogo abierto. Estas reuniones proporcionan una plataforma para que los empleados expresen sus opiniones, hagan preguntas y se sientan escuchados.

Conversaciones individuales: Anime a los gerentes a tener conversaciones individuales regulares con los miembros de su equipo. Estas reuniones permiten discusiones más profundas, retroalimentación y comunicación personalizada, lo que puede mejorar la motivación y el compromiso de los empleados.

Mecanismos de retroalimentación: Implementar mecanismos de retroalimentación como cajas de sugerencias, encuestas anónimas o plataformas en línea donde los empleados puedan proporcionar comentarios, compartir ideas y expresar sus preocupaciones. Escuche activamente los comentarios de los empleados y tome las medidas adecuadas para abordar sus necesidades y preocupaciones.

13.3. Comunicación inspiradora:

La comunicación inspiradora puede encender la motivación e impulsar el compromiso de los empleados. Los líderes deben comunicar de manera efectiva la visión, los valores y los objetivos de la organización, e inspirar a los empleados a conectar su trabajo con un propósito más amplio. Las estrategias para la comunicación inspiradora incluyen:

Visión convincente: Articular claramente la visión de la organización y el impacto que pretende tener. Pinta una imagen vívida del futuro y de cómo las contribuciones de los empleados son esenciales para hacer realidad esa visión.

Narración de historias: Utilice la narración de historias como una poderosa herramienta para transmitir mensajes e inspirar a los empleados. Comparta historias de éxito, testimonios de clientes o ejemplos de empleados que marcan la diferencia para ilustrar el impacto de la organización y evocar emociones.

Valores significativos: Comunicar los valores fundamentales de la organización y cómo guían la toma de decisiones y los comportamientos. Haz hincapié en cómo vivir estos valores contribuye a una cultura de trabajo positiva y al éxito compartido.

Mensajes de liderazgo: Anime a los líderes a comunicar mensajes inspiradores a través de varios canales, como correos electrónicos, vídeos o anuncios de toda la empresa. Estos mensajes deben transmitir aprecio, reconocimiento y motivación, reforzando la visión y los valores de la organización.

13.4. Comunicación atractiva:

Involucrar la comunicación implica crear oportunidades para el diálogo, la colaboración y la participación. Al involucrar a los empleados en el proceso de comunicación, las organizaciones pueden fomentar un sentido de propiedad y compromiso. Las estrategias para la comunicación atractiva incluyen:

Escucha activa: Fomente la escucha activa entre líderes y gerentes. Cuando los empleados se sienten escuchados, valorados y comprendidos, es más probable que estén motivados y comprometidos. Proporcionar capacitación y recursos para mejorar las habilidades de escucha activa dentro de la organización.

Comunicación bidireccional: Establezca plataformas o foros donde los empleados puedan compartir sus ideas, hacer preguntas y proporcionar información. Busque activamente comentarios y sugerencias de los empleados y comunique cómo su opinión ha influido en la toma de decisiones o ha provocado un cambio positivo.

Colaboración y trabajo en equipo: Fomentar una cultura de colaboración mediante la promoción de una comunicación efectiva en equipo. Anime a los empleados a compartir información, conocimientos y mejores prácticas, facilitando la comunicación y la colaboración multifuncionales.

Reconocimiento y apreciación: Utilice los canales de comunicación para reconocer y apreciar abiertamente las contribuciones de los empleados. Destaca los logros, los hitos y el rendimiento excepcional, reforzando una cultura de aprecio y motivando a los demás.

13.5. Comunicación efectiva en situaciones difíciles:

La comunicación efectiva se vuelve aún más crucial durante tiempos difíciles o períodos de cambio dentro de una organización. En tales situaciones, los líderes deben priorizar la comunicación clara, empática y honesta para mantener la confianza y gestionar las preocupaciones de los empleados. Las estrategias para una comunicación efectiva en tiempos difíciles incluyen:

Actualizaciones transparentes: Proporcione actualizaciones periódicas en momentos de cambio o incertidumbre. Sea transparente sobre la situación, las razones detrás de la causa y las acciones que se están tomando para abordar los desafíos.

Abordar las preocupaciones: Anticipar y abordar las preocupaciones de los empleados de manera rápida y honesta. Comunicar el impacto de la situación en los empleados y proporcionar apoyo o recursos para ayudarlos a navegar a través de tiempos difíciles.

Empatía y apoyo emocional: Muestra empatía y comprensión hacia las emociones y preocupaciones de los empleados. Reconocer sus sentimientos y ofrecer apoyo emocional a través de la comunicación abierta y el acceso a recursos como el asesoramiento o los programas de asistencia a los empleados.

Claridad en las expectativas: Comunique claramente las expectativas y los cambios en los roles o responsabilidades resultantes de la situación. Proporcionar orientación y recursos para ayudar a los empleados a adaptarse y tener éxito en las nuevas circunstancias.

En conclusión, la comunicación efectiva es un componente vital de la motivación y el compromiso de los empleados. Al fomentar una comunicación transparente y abierta, inspirar e involucrar a los empleados a través de mensajes visionarios y significativos, e involucrar activamente a los empleados en el proceso de comunicación, las organizaciones pueden cultivar una fuerza de trabajo motivada y conectada que contribuya al éxito general de la organización.

Capítulo 14: Retroalimentación constructiva: Fomentar el crecimiento y la mejora

La retroalimentación constructiva juega un papel crucial en el desarrollo, la motivación y la mejora continua de los empleados. En este capítulo, exploraremos la importancia de proporcionar retroalimentación constructiva, técnicas para entregar retroalimentación de manera efectiva y estrategias para crear una cultura que valore la retroalimentación como un catalizador para el crecimiento y la mejora.

14.1. El poder de la retroalimentación constructiva:

La retroalimentación constructiva es una retroalimentación que tiene como objetivo ayudar a los empleados a mejorar su rendimiento, desarrollar nuevas habilidades y alcanzar su máximo potencial. Sirve como una herramienta valiosa para que los gerentes y líderes guíen y apoyen a los miembros de su equipo en su crecimiento profesional. Cuando se entrega de manera efectiva, la retroalimentación constructiva puede inspirar motivación, aumentar la confianza y fomentar una cultura de aprendizaje continuo.

14.2. Características de la retroalimentación efectiva:

Para proporcionar una retroalimentación constructiva que sea bien recibida y beneficiosa, es esencial tener en cuenta las siguientes características:

Especificidad: La retroalimentación debe ser específica y centrarse en comportamientos o acciones particulares. Los comentarios vagos o generales pueden ser confusos y poco útiles. Al proporcionar ejemplos específicos, los empleados pueden entender mejor lo que necesitan mejorar o seguir haciendo.

Puntualidad: La retroalimentación oportuna es crucial para su eficacia. Entregar comentarios con prontitud después de un comportamiento o rendimiento observado permite un mejor recuerdo y relevancia. La retroalimentación retardada puede perder su impacto o ser menos procesable.

Equilibrio: La retroalimentación constructiva debe ser equilibrada, reconociendo tanto las fortalezas como las áreas de mejora. Reconocer y reforzar las fortalezas del empleado, al tiempo que proporciona orientación sobre las áreas que requieren atención.

Objetivo y justo: La retroalimentación debe ser objetiva, basada en hechos y pruebas observables, en lugar de sesgos o suposiciones personales. Debe ser justo e imparcial, centrándose en el rendimiento más que en las características personales.

Desarrollo: El objetivo principal de la retroalimentación constructiva es facilitar el crecimiento y la mejora. Enmarcar la retroalimentación como una oportunidad de desarrollo, haciendo hincapié en cómo puede ayudar a los empleados a mejorar sus habilidades y alcanzar sus objetivos profesionales.

14.3. Técnicas para proporcionar retroalimentación constructiva:

La entrega de comentarios constructivos requiere habilidades de comunicación efectivas y un enfoque de apoyo. Tenga en cuenta las siguientes técnicas al proporcionar comentarios:

Sea específico y concreto: extile claramente el comportamiento específico o el rendimiento que está abordando. Proporcione ejemplos o pruebas para ilustrar sus puntos y hacer que sus comentarios sean más tangibles.

Utilice las declaraciones "I": Enmarque los comentarios usando las declaraciones "I" para enfatizar su perspectiva y evitar sonar acusatorio. Por ejemplo, di: "Me di cuenta de eso..." en lugar de "Siempre..." Este enfoque promueve el diálogo abierto y minimiza la defensiva.

Concéntrese en el comportamiento, no en la personalidad: asegúrese de que sus comentarios aborden los comportamientos y las acciones en lugar de hacer juicios personales. Esta distinción ayuda a los empleados a separar su rendimiento de su autoestima, lo que permite una mentalidad más receptiva.

Equilibrar los comentarios positivos y negativos: mientras aborda las áreas de mejora, resalte las fortalezas y los logros del empleado. Equilibrar la retroalimentación positiva y negativa ayuda a mantener la moral y la motivación.

Ofrecer sugerencias específicas para mejorar: Proporcione sugerencias y recursos prácticos para ayudar a los empleados a abordar las áreas que necesitan mejoras. Sea proactivo al ofrecer orientación y asistencia para ayudarles a desarrollar las habilidades o conocimientos necesarios.

Fomentar el diálogo bidireccional: crear un entorno seguro y abierto para que los empleados respondan, hagan preguntas o busquen aclaraciones. Fomentar el diálogo bidireccional promueve el entendimiento mutuo y garantiza que los empleados se sientan escuchados y valorados.

14.4. Creando una cultura de retroalimentación:

Para fomentar una cultura que valore la retroalimentación constructiva, las organizaciones deben considerar las siguientes estrategias:

Fomentar la retroalimentación continua: Promover una cultura de retroalimentación en la que la retroalimentación no se limite a las revisiones formales de rendimiento, sino que se integre en conversaciones e interacciones regulares. Anime a los empleados a buscar comentarios de sus compañeros, subordinados y gerentes, fomentando una mentalidad de aprendizaje continuo.

Proporcionar capacitación de retroalimentación: Ofrecer programas de capacitación o talleres para mejorar las habilidades de entrega de retroalimentación y recepción de retroalimentación para gerentes y empleados por igual. Esta formación puede ayudar a las personas a desarrollar técnicas de comunicación efectivas y crear un entorno rico en retroalimentación.

Liderando con el ejemplo: los líderes deben establecer el tono para la retroalimentación constructiva buscando y aceptando activamente la retroalimentación por sí mismos. Al demostrar su apertura a la retroalimentación, los líderes crean un espacio seguro para que los empleados hagan lo mismo.

Reconocer y recompensar los comentarios: Reconocer y apreciar a las personas que proporcionan comentarios valiosos a sus colegas o contribuyen a una cultura de comentarios constructivos. Reconocer sus esfuerzos y destacar cómo la retroalimentación ha tenido un impacto positivo en la organización.

Revisar y actualizar regularmente los procesos de retroalimentación: Evaluar y mejorar continuamente los procesos de retroalimentación dentro de la organización. Solicite la opinión de los empleados y haga los ajustes necesarios para garantizar que los mecanismos de retroalimentación sean efectivos, eficientes y estén alineados con los objetivos de la organización.

En conclusión, la retroalimentación constructiva es una herramienta poderosa para el crecimiento y la mejora de los empleados. Al proporcionar retroalimentación de manera efectiva, crear una cultura rica en retroalimentación y proporcionar el apoyo y los recursos necesarios, las organizaciones pueden fomentar un entorno de aprendizaje en el que los empleados se sientan motivados, empoderados y se esfuercen continuamente por la excelencia.

Capítulo 15: Liderazgo inspirador: Motivar a través de la visión y la inspiración

El liderazgo inspirador es un impulsor clave de la motivación, el compromiso y el alto rendimiento de los empleados. En este capítulo, exploraremos la importancia del liderazgo inspirador, las cualidades y comportamientos de los líderes inspiradores y las estrategias para motivar a los empleados a través de la visión y la inspiración.

15.1. El poder del liderazgo inspirador:

Los líderes inspiradores tienen la capacidad de encender la pasión, fomentar un sentido de propósito y reunir a los empleados en torno a una visión convincente. Crean un entorno en el que las personas se sienten inspiradas, motivadas y comprometidas a lograr los objetivos personales y organizacionales. Los líderes inspiradores tienen un profundo impacto en la moral de los empleados, la satisfacción laboral y el éxito general de la organización.

15.2. Cualidades de los líderes inspiradores:

Los líderes inspiradores eficaces poseen ciertas cualidades que los distinguen. Estas cualidades incluyen:

Pensamiento visionario: Los líderes inspiradores tienen una visión clara y convincente del futuro. Pueden articular esta visión de una manera que inspire e involucre a los empleados, alineando sus esfuerzos con la misión y los objetivos de la organización.

Pasión y entusiasmo: los líderes inspiradores demuestran una verdadera pasión y entusiasmo por su trabajo y la organización. Su entusiasmo es contagioso, inspirando a otros a dar lo mejor de sí mismos al lugar de trabajo.

Autenticidad: Los líderes inspiradores son auténticos y fieles a sí mismos. Lideran con integridad, transparencia y honestidad, ganándose la confianza y el respeto de los miembros de su equipo.

Empatía e Inteligencia Emocional: Los líderes inspiradores poseen una fuerte inteligencia emocional y capacidades empáticas. Entienden y se relacionan con las emociones y experiencias de sus empleados, creando un entorno de trabajo de apoyo e inclusivo.

Excelentes habilidades de comunicación: los líderes inspiradores son comunicadores eficaces. Pueden transmitir su visión y sus objetivos con claridad, utilizando un lenguaje persuasivo y convincente. Escuchan activamente, proporcionan retroalimentación constructiva y fomentan el diálogo abierto.

Resiliencia y determinación: Los líderes inspiradores demuestran resiliencia y perseverancia frente a los desafíos. Siguen siendo positivos, motivados y centrados en encontrar soluciones, inspirando a los miembros de su equipo a hacer lo mismo.

15.3. Comportamientos de líderes inspiradores:

Además de sus cualidades, los líderes inspiradores exhiben ciertos comportamientos que motivan e inspiran a los empleados. Estos comportamientos incluyen:

Establecer una visión convincente: los líderes inspiradores definen una visión clara que resuena con los empleados. Comunican esta visión de manera consistente y apasionada, ayudando a los empleados a comprender su papel en su logro.

Liderando por el ejemplo: Los líderes inspiradores lideran con el ejemplo, encarnando los valores y comportamientos que esperan de los miembros de su equipo. Demuestran constantemente altos estándares de rendimiento, integridad y dedicación.

Construyendo relaciones: los líderes inspiradores priorizan la construcción de relaciones sólidas con los miembros de su equipo. Se toman el tiempo para comprender las fortalezas, los desafíos y las aspiraciones individuales, y proporcionan apoyo y tutoría en consecuencia.

Proporcionar propósito y significado: los líderes inspiradores conectan el trabajo de los empleados con un propósito más grande. Ayudan a las personas a ver la importancia de sus contribuciones y cómo contribuyen al éxito general de la organización.

Celebrando el éxito: Los líderes inspiradores celebran los logros individuales y de equipo. Reconocen y aprecian los esfuerzos de los empleados, proporcionando reconocimiento y recompensas que refuerzan una cultura de éxito y motivación.

Fomentar el crecimiento y el desarrollo: los líderes inspiradores apoyan el crecimiento profesional y el desarrollo de los miembros de su equipo. Proporcionan oportunidades de aprendizaje, desafían a los empleados a estirar sus habilidades y proporcionan orientación y apoyo a lo largo del camino.

15.4. Estrategias para inspirar y motivar a los empleados:

Para inspirar y motivar a los empleados a través de la visión y la inspiración, considere las siguientes estrategias:

Articular una visión convincente: comunicar claramente la visión, los valores y los objetivos de la organización. Ilustra cómo el trabajo de los empleados contribuye a la realización de esta visión y crea un sentido de propósito y significado.

Cuente historias y pinte un cuadro: Utilice técnicas de narración para comunicar el impacto del trabajo de la organización. Comparte historias de éxito, testimonios de clientes y ejemplos de cómo la organización ha marcado la diferencia. Pinta una imagen vívida del futuro deseado y de cómo los empleados desempeñan un papel crucial para lograrlo.

Fomentar un entorno positivo y de apoyo: crear un entorno de trabajo positivo que valore el bienestar de los empleados, la colaboración y la comunicación abierta. Fomentar una cultura de confianza, creatividad e innovación, donde los empleados se sientan seguros para expresar sus ideas y asumir riesgos calculados.

Fomentar la autonomía y la propiedad: Empoderar a los empleados proporcionando autonomía y propiedad sobre su trabajo. Permíteles tomar decisiones, asumir proyectos significativos y proporcionar los recursos y el apoyo necesarios para el éxito.

Proporcionar retroalimentación y reconocimiento regulares: Ofrecer retroalimentación constructiva y reconocimiento a los empleados de manera consistente. Reconocer sus esfuerzos, destacar sus logros y proporcionar orientación para la mejora.

La retroalimentación debe ser específica, oportuna y centrada en el desarrollo.

Desarrollar líderes en todos los niveles: fomentar las cualidades de liderazgo en los empleados en todos los niveles de la organización. Proporcionar oportunidades de desarrollo de liderazgo, programas de tutoría y entrenamiento para ayudar a las personas a crecer como líderes e inspirar a otros.

Fomentar una cultura de aprendizaje: Fomentar el aprendizaje y el desarrollo continuos proporcionando programas de formación, talleres y recursos que ayuden a los empleados a ampliar sus habilidades y conocimientos. Apoyar una mentalidad de crecimiento en la que se anime a los empleados a aceptar los desafíos y ver los fracasos como oportunidades de aprendizaje.

En conclusión, el liderazgo inspirador es una fuerza poderosa para la motivación y el compromiso de los empleados. Al encarnar cualidades clave, exhibir comportamientos que inspiran e implementar estrategias que promuevan la visión y la inspiración, los líderes pueden crear un entorno de trabajo positivo en el que los empleados se sientan motivados, conectados y empoderados para alcanzar su máximo potencial.

Parte 6: Superar los Desafíos y Mantener la Motivación

Capítulo 16: Gestión del cambio: Motivar a los empleados durante las transiciones

El cambio es una parte inevitable de la vida de la organización, y la gestión efectiva del cambio es esencial para mantener la motivación y el compromiso de los empleados. En este capítulo, exploraremos estrategias para motivar a los empleados durante los tiempos de transición y guiarlos a través del cambio.

16.1. Comprender el impacto del cambio en los empleados:

El cambio puede ser perjudicial e inquietante para los empleados. Puede crear incertidumbre, resistencia y miedo a lo desconocido. Comprender el impacto del cambio en las personas es crucial para abordar sus preocupaciones y mantener la motivación. Algunas reacciones comunes al cambio incluyen:

Resistencia: Los empleados pueden resistirse al cambio debido al miedo a lo desconocido, a la pérdida de familiaridad o a las preocupaciones sobre su seguridad o competencia laboral.

Pérdida de control: el cambio puede hacer que los empleados sientan una pérdida de control sobre su trabajo, lo que lleva a la frustración y a una disminución de la motivación.

Incertidumbre: La falta de claridad e información sobre el cambio puede crear ansiedad y estrés entre los empleados.

Pérdida de rutina: los cambios en los procesos o procedimientos pueden interrumpir las rutinas y formas de trabajo establecidas de los empleados, lo que requiere ajuste y adaptación.

16.2. Estrategias para motivar a los empleados durante el cambio:

Para motivar a los empleados durante los tiempos de transición, considere las siguientes estrategias:

Comunicación clara: la comunicación es vital durante el cambio. Sea transparente sobre las razones detrás del cambio, su impacto en los empleados y los resultados deseados. Abordar las preocupaciones y preguntas abiertamente, y proporcionar actualizaciones periódicas para mantener a los empleados informados y comprometidos.

Involucrar a los empleados: Involucrar a los empleados en el proceso de cambio tanto como sea posible. Busca sus aportes, ideas y comentarios. Cuando los empleados sienten que sus opiniones son valoradas y que tienen voz en el cambio, es más probable que estén motivados y apoyados.

Proporcionar apoyo y recursos: Ofrecer apoyo a los empleados durante el proceso de cambio. Proporcionar capacitación, recursos y orientación para ayudarlos a adaptarse a nuevos roles, procesos o tecnologías. Ofrezca entrenamiento o tutoría para ayudar a los empleados a navegar el cambio con éxito.

Reconocer y celebrar el progreso: Reconocer y celebrar los hitos y logros a lo largo del viaje de cambio. Reconocer los esfuerzos de individuos y equipos, y destacar sus contribuciones al éxito general de la iniciativa de cambio.

Celebrar el progreso aumenta la moral y motiva a los empleados a continuar con sus esfuerzos.

Fomentar la colaboración y el trabajo en equipo: Fomentar un entorno de colaboración en el que los empleados puedan apoyarse mutuamente durante el cambio. Fomentar el trabajo en equipo, la colaboración interdepartamental y el intercambio de conocimientos para ayudar a los empleados a navegar el cambio colectivamente.

Proporcionar apoyo emocional: Reconocer que el cambio puede ser un desafío emocional para los empleados. Ofrecer apoyo emocional creando oportunidades para que los empleados compartan sus preocupaciones, proporcionando servicios de asesoramiento si es necesario y demostrando empatía y comprensión.

Abordar la resistencia y las preocupaciones: Abordar de forma proactiva la resistencia y las preocupaciones relacionadas con el cambio. Escuche los comentarios y preocupaciones de los empleados, y proporcione aclaraciones o soluciones siempre que sea posible. Involucrar a campeones del cambio o empleados influyentes que puedan ayudar a abordar la resistencia y promover la aceptación de sus compañeros.

16.3. Liderando con el ejemplo:

Los líderes desempeñan un papel fundamental en la motivación de los empleados durante el cambio. Deben predicar con el ejemplo y demostrar los siguientes comportamientos:

Comunícate abierta y con frecuencia, compartiendo la justificación del cambio y la visión del futuro.

Muestra confianza y optimismo sobre el cambio, incluso frente a los desafíos.

Escuchar activamente las preocupaciones de los empleados, empatizar con sus sentimientos y proporcionar apoyo y orientación.

Mantener una actitud positiva y reforzar un sentido de propósito y dirección.

Abrazar el cambio por sí mismos y demostrar adaptabilidad y resiliencia.

16.4. Lidiando con la resistencia:

A pesar de los esfuerzos para motivar a los empleados, puede persistir cierta resistencia al cambio. Para gestionar eficazmente la resistencia:

Comprender las razones subyacentes de la resistencia y abordarlas directamente.

Comunicar los beneficios del cambio y cómo se alinea con los objetivos individuales y organizacionales.

Proporcionar capacitación y apoyo para mejorar las habilidades y la confianza de los empleados para adaptarse al cambio.

Involucre a campeones del cambio o empleados influyentes para ayudar a abordar la resistencia y generar apoyo.

Ofrecer oportunidades para que los empleados participen en los procesos de toma de decisiones relacionados con el cambio.

En conclusión, la gestión del cambio requiere un enfoque reflexivo para mantener la motivación de los empleados. Al comprender el impacto del cambio, implementar estrategias para motivar a los empleados, liderar con el ejemplo y abordar eficazmente la resistencia, las organizaciones pueden navegar las transiciones con éxito mientras mantienen a los empleados comprometidos y motivados..

Capítulo 17: Abordar las mesetas de motivación: Estrategias para un compromiso renovado

Las mesetas de motivación son ocurrencias comunes en el lugar de trabajo donde los empleados pueden experimentar una caída en su entusiasmo, impulso y compromiso. Reconocer y abordar estas mesetas es esencial para mantener la motivación de los empleados y prevenir una disminución en el rendimiento. En este capítulo, exploraremos estrategias para reavivar la motivación y renovar el compromiso cuando las personas se encuentren en una meseta motivacional.

17.1. Comprender las mesetas de motivación:

Las mesetas de motivación pueden ocurrir por varias razones, incluyendo:

Monotonía y rutina: Participar en tareas repetitivas o experimentar una falta de desafío puede llevar a una disminución de la motivación.

Falta de oportunidades de crecimiento: las oportunidades limitadas de crecimiento personal y profesional pueden hacer que los empleados se sientan estancados y desmotivados.

Agotamiento y fatiga: Los períodos prolongados de estrés, las cargas de trabajo pesadas y el equilibrio insuficiente entre el trabajo y la vida privada pueden agotar la energía y el entusiasmo de los empleados.

Desconexión de los objetivos: Cuando los empleados pierden de vista sus objetivos o no ven la conexión entre su trabajo y los objetivos de la organización, su motivación puede disminuir.

Falta de reconocimiento y retroalimentación: La falta de reconocimiento y retroalimentación por sus esfuerzos puede hacer que los empleados se sientan infravalorados, lo que resulta en una disminución de la motivación.

17.2. Estrategias para un compromiso renovado:

Para abordar las mesetas de motivación y renovar el compromiso de los empleados, considere las siguientes estrategias:

Revisar y reforzar los objetivos: Ayudar a los empleados a reconectarse con sus objetivos revisándolos y reafirmándolos. Aclarar la importancia de su trabajo para lograr esos objetivos y proporcionar recordatorios regulares de su progreso y logros.

Proporcionar tareas desafiantes: Asignar a los empleados tareas o proyectos que estiren sus habilidades y proporcionen oportunidades de crecimiento y desarrollo. Esto les permite recuperar un sentido de propósito y estimula su motivación.

Fomentar un entorno de aprendizaje: Fomentar el aprendizaje continuo y el desarrollo de habilidades ofreciendo programas de formación, talleres u oportunidades para la colaboración interfuncional. Esto cultiva una cultura de crecimiento y mantiene a los empleados motivados y comprometidos.

Fomentar la autonomía y la propiedad: otorgar a los empleados más autonomía y autoridad para tomar decisiones en su trabajo. Permitirles tener control sobre sus tareas y decisiones fomenta un sentido de propiedad y responsabilidad, reavivando su motivación.

Ofrecer variedad y rotación: introducir la rotación de puestos de trabajo o proporcionar oportunidades para que los empleados participen en diferentes tareas o proyectos. Esta variedad rompe la monotonía y mantiene a los empleados comprometidos y motivados.

Reconocer y celebrar los logros: Reconocer y apreciar los esfuerzos y logros de los empleados. Proporcione regularmente reconocimiento y recompensas para reforzar una cultura de aprecio y motivar a las personas a seguir dando lo mejor de sí mismos.

Proporcionar comentarios constructivos: Ofrecer comentarios específicos y constructivos a los empleados sobre su rendimiento. Centrarse en sus fortalezas y áreas de mejora, proporcionando orientación y apoyo para su desarrollo profesional. La retroalimentación regular ayuda a las personas a mantenerse motivadas y alineadas con las expectativas.

Promover el equilibrio entre el trabajo y la vida personal: Fomentar el equilibrio entre el trabajo y la vida privada proporcionando flexibilidad en las horas de trabajo, promoviendo iniciativas de bienestar y apoyando a los empleados en la gestión de sus compromisos personales y profesionales. Un equilibrio saludable entre el trabajo y la vida privada rejuvenece a los empleados y ayuda a mantener su motivación.

Crear una cultura positiva y de apoyo: fomentar un entorno de trabajo positivo mediante la promoción de la colaboración, la comunicación abierta y un sentido de camaradería entre los empleados. Fomentar el trabajo en equipo, celebrar los logros colectivamente y abordar cualquier fuente de negatividad con prontitud.

17.3. El papel del liderazgo en la renovación del compromiso:

Los líderes desempeñan un papel vital en la renovación del compromiso de los empleados. Pueden:

Liderar por ejemplo: Demostrar altos niveles de motivación, entusiasmo y compromiso en su propio trabajo. Servir como modelos a seguir para sus equipos e inspirar a otros a través de sus acciones y comportamientos.

Comunicar propósito y significado: Articular el propósito y el significado detrás del trabajo de los empleados, conectándolo con la misión y los objetivos de la organización. Ayude a las personas a ver el impacto de sus contribuciones y cómo se alinea con sus valores y aspiraciones.

Proporcionar apoyo y recursos: Ofrecer los recursos, herramientas y apoyo necesarios para permitir que los empleados sobresalgan en sus funciones. Abordar cualquier barrera o desafío que puedan enfrentar y proporcionar orientación y asistencia según sea necesario.

Fomentar la colaboración y el crecimiento: Fomentar un entorno de equipo colaborativo y de apoyo donde los empleados puedan aprender unos de otros, compartir ideas y apoyar el crecimiento y el desarrollo de los demás.

Fomentar una cultura rica en retroalimentación: Establecer una cultura de retroalimentación continua y comunicación abierta. Proporcione regularmente comentarios a los empleados, reconozca sus fortalezas y proporcione orientación para mejorar. Anime a los empleados a dar retroalimentación unos a otros y crear un entorno en el que la retroalimentación se vea como una herramienta constructiva para el crecimiento.

En conclusión, las mesetas de motivación se pueden abordar mediante la implementación de estrategias que reavivan el compromiso de los empleados. Al revisar los objetivos, proporcionar tareas desafiantes, fomentar un entorno de aprendizaje, ofrecer variedad, reconocer los logros, promover el equilibrio entre el trabajo y la vida privada y crear una cultura positiva, las organizaciones pueden renovar la motivación de los empleados y mantener altos niveles de compromiso. El papel del liderazgo para establecer el tono, proporcionar apoyo y cultivar un entorno motivador es primordial para superar las mesetas de motivación y fomentar un compromiso renovado.

Capítulo 18: Mantener la motivación a largo plazo: Crear una cultura de trabajo motivadora

Construir y mantener una cultura de trabajo motivadora es crucial para el compromiso y la productividad a largo plazo de los empleados. En este capítulo, exploraremos estrategias para crear una cultura de trabajo que fomente la motivación y el compromiso sostenidos de los empleados.

18.1. Definición de una cultura de trabajo motivador:

Una cultura de trabajo motivadora se caracteriza por ciertos elementos clave:

Propósito y valores claros: Una organización con un fuerte sentido de propósito y valores bien definidos proporciona a los empleados una dirección clara y un sentido de significado en su trabajo. Cuando los empleados entienden y se alinean con el propósito y los valores de la organización, su motivación se fortalece.

Confianza y seguridad psicológica: una cultura basada en la confianza y la seguridad psicológica anima a los empleados a asumir riesgos, compartir ideas y expresar sus preocupaciones sin temor a consecuencias negativas. La confianza fomenta la colaboración, la innovación y un sentido de pertenencia, que son vitales para una motivación sostenida.

Empoderamiento y autonomía: Una cultura de trabajo motivadora empodera a los empleados proporcionándoles autonomía y autoridad para la toma · de decisiones. Los empleados se sienten valorados cuando tienen la libertad de tomar decisiones y tener la propiedad de su trabajo, lo que mejora su motivación y responsabilidad.

Aprendizaje y desarrollo continuos: una cultura que valora el aprendizaje y el desarrollo ofrece oportunidades para que los empleados crezcan, adquieran nuevas habilidades y avancen en sus carreras. Proporcionar programas de capacitación, tutoría y desarrollo profesional garantiza que los empleados estén motivados por la oportunidad de crecimiento personal y profesional.

Reconocimiento y recompensas: Reconocer y recompensar a los empleados por sus contribuciones y logros es un componente esencial de una cultura de trabajo motivadora. La retroalimentación regular, los elogios y las recompensas tangibles, como promociones o bonificaciones, refuerzan los comportamientos deseados y motivan a los empleados a seguir dando lo mejor de sí mismos.

18.2. Estrategias para crear una cultura de trabajo motivador:

Para crear y mantener una cultura de trabajo motivadora, considere la implementación de las siguientes estrategias:

Comunicar claramente la visión y los valores de la organización: Comunicar regularmente la visión, la misión y los valores de la organización a los empleados. Ayúdelos a entender cómo sus roles individuales contribuyen a los objetivos generales de la organización. Reforzar la importancia de los valores de la organización en la toma de decisiones y las operaciones diarias.

Fomentar la colaboración y el trabajo en equipo: Fomentar la colaboración y el trabajo en equipo promoviendo la comunicación abierta, proyectos multifuncionales y una cultura de apoyo. Proporcionar oportunidades para que los empleados colaboren, compartan conocimientos y aprendan unos de otros. Celebra los logros del equipo y crea un sentido de camaradería.

Fomentar la innovación y la asunción de riesgos: Crear un entorno que fomente la innovación y la asunción de riesgos. Proporcione a los empleados la libertad de explorar nuevas ideas, experimentar y aprender de los fracasos. Celebrar y recompensar el pensamiento y los resultados innovadores, fomentando una cultura de mejora y motivación continuas.

Promover el equilibrio entre el trabajo y la vida personal: Ayudar a los empleados a lograr un equilibrio saludable entre el trabajo y la vida privada mediante la implementación de arreglos de trabajo flexibles, la promoción de iniciativas de bienestar y el respeto de los límites personales. Reconocer la importancia del bienestar de los empleados y asegurarse de que tengan los recursos y el apoyo que necesitan para mantener un estilo de vida equilibrado.

Proporcionar oportunidades de desarrollo: Invierta en el desarrollo de los empleados ofreciendo programas de capacitación, talleres, tutoría y entrenamiento. Apoyar a los empleados en la adquisición de nuevas habilidades, ampliar sus conocimientos y avanzar en sus carreras. Anime a los empleados a que se hagan cargo de su crecimiento profesional y proporcionen recursos para apoyar su viaje de aprendizaje.

Fomentar una fuerza de trabajo inclusiva y diversa: crear una cultura que valore la diversidad y la inclusión. Garantizar la igualdad de oportunidades para todos los empleados, independientemente de sus antecedentes o identidad. Fomentar un sentido de pertenencia promoviendo la inclusión, escuchando activamente las diversas perspectivas y abordando los prejuicios y la discriminación.

Liderar con el ejemplo: los líderes desempeñan un papel fundamental en la creación de una cultura de trabajo motivadora. Lidera con el ejemplo incorporando los valores, comportamientos y actitudes deseados. Demostrar transparencia, equidad y empatía en la toma de decisiones. Proporcione tutoría y orientación a los empleados, y busque activamente sus aportes y comentarios.

Evaluar y mejorar regularmente: Evaluar continuamente la eficacia de la cultura de trabajo y hacer los ajustes necesarios. Solicite comentarios de los empleados a través de encuestas, grupos de discusión o conversaciones individuales. Escuche activamente sus preocupaciones e ideas de mejora. Implementar cambios basados en los comentarios para crear una cultura de trabajo aún más motivadora.

18.3. Mantener la motivación en tiempos de cambio:

Durante los períodos de cambio, como las fusiones, las reorganizaciones o los avances tecnológicos, mantener la motivación se vuelve crucial. Asegurar una comunicación clara sobre el cambio, abordar las preocupaciones de los empleados y proporcionar apoyo para navegar por la transición. Mantener el enfoque en el propósito y los valores de la organización, e involucrar a los empleados en los procesos de toma de decisiones. Celebre los éxitos y los hitos a lo largo del camino para mantener a los empleados motivados y comprometidos.

En conclusión, la creación y el mantenimiento de una cultura de trabajo motivadora requiere un enfoque integral que incorpore un propósito y valores claros, confianza y seguridad psicológica, empoderamiento y autonomía, aprendizaje y desarrollo continuos, y reconocimiento y recompensas. Al fomentar la colaboración, promover el equilibrio entre el trabajo y la vida privada, abrazar la diversidad y la inclusión, liderar con el ejemplo y evaluar y mejorar continuamente, las organizaciones pueden cultivar una cultura de trabajo que mantenga la motivación y el compromiso de los empleados a largo plazo..

Conclusión: Empoderar a su fuerza de trabajo: Tomar medidas para una motivación duradera

En este libro, hemos explorado varias estrategias y técnicas para motivar a los empleados en el lugar de trabajo. Ahondamos en los fundamentos de la motivación, examinamos las teorías psicológicas y discutimos la importancia de crear un entorno de trabajo motivador. Exploramos las estrategias de motivación intrínseca y extrínseca, enfatizamos la importancia de la comunicación efectiva y abordamos los desafíos de mantener la motivación frente al cambio. A lo largo de cada capítulo, la atención se ha centrado en empoderar a los empleados y crear una cultura de trabajo que fomente una motivación duradera.

Los empleados motivados son el alma de cualquier organización exitosa. Atraen pasión, dedicación e innovación a su trabajo, impulsando el rendimiento y logrando resultados sobresalientes. Al implementar las estrategias descritas en este libro, puedes crear un entorno en el que la motivación florezca y los empleados prosperen.

Todo comienza con una base sólida. Comprender las teorías psicológicas detrás de la motivación proporciona información valiosa sobre los impulsores del comportamiento humano. Al reconocer los factores que influyen en la motivación, puede adaptar sus estrategias para satisfacer las necesidades y preferencias únicas de su fuerza laboral.

Crear un entorno de trabajo motivador es esencial para el compromiso a largo plazo de los empleados. La construcción de una cultura que valore el propósito, la confianza, el empoderamiento, el aprendizaje continuo, el reconocimiento y el equilibrio entre el trabajo y la vida privada, prepara el escenario para que los empleados motivados florezcan. El liderazgo efectivo juega un papel fundamental en la configuración de esta cultura e inspirando a los empleados a través de la visión, la inspiración y las acciones de apoyo.

Las estrategias de motivación intrínseca se centran en aprovechar los deseos internos de los empleados de significado, crecimiento y autonomía. Al alinear sus valores con la misión de la organización, establecer objetivos SMART, promover una mentalidad de crecimiento y proporcionar oportunidades de aprendizaje y desarrollo, puede encender su motivación intrínseca y liberar todo su potencial.

Las estrategias de motivación extrínseca, por otro lado, utilizan recompensas externas y reconocimiento para incentivar y reforzar los comportamientos deseados. La compensación y los beneficios competitivos, los programas efectivos de reconocimiento del rendimiento y la promoción del equilibrio entre el trabajo y la vida privada contribuyen a crear un entorno en el que los empleados se sientan valorados y apreciados por sus contribuciones.

La comunicación efectiva sirve como la columna vertebral de una cultura de trabajo motivadora. Al inspirar e involucrar a los empleados a través de una comunicación clara e impulsada por un propósito, proporcionar retroalimentación constructiva y cultivar una cultura de diálogo abierto, puede establecer confianza, aumentar la moral y fomentar un sentido de pertenencia.

Superar los desafíos y mantener la motivación requieren medidas proactivas. Abordar las mesetas de motivación, gestionar el cambio y promover el equilibrio entre el trabajo y la vida privada son aspectos críticos para mantener una fuerza de trabajo motivada. Al implementar estrategias específicas, ofrecer apoyo y abordar activamente las preocupaciones, puede navegar a través de obstáculos y mantener altos niveles de motivación.

En última instancia, el poder de motivar está en tus manos como líder. Al tomar medidas e implementar las estrategias descritas en este libro, usted tiene la capacidad de empoderar a su fuerza de trabajo, crear una cultura de trabajo motivadora e impulsar una motivación duradera.

Recuerde, la motivación no es un logro único, sino un proceso continuo. Evalúe continuamente la eficacia de sus estrategias, busque comentarios de sus empleados y adapte sus enfoques según sea necesario. Al mantenerse en sintonía con las necesidades cambiantes de su fuerza de trabajo, puede asegurarse de que la motivación siga siendo una fuerza constante dentro de su organización.

Empodere a su fuerza de trabajo, encienda su pasión y sea testigo del poder transformador de la motivación duradera. Juntos, creemos lugares de trabajo donde los empleados prosperen, las organizaciones tengan éxito y todos cosechen los frutos de una fuerza de trabajo motivada y comprometida.

Referencias

Colquitt, J., Lepine, J. A., & Wesson, M. J. (2019). Organizational behavior: improving performance and commitment in the workplace. Mcgraw Hill Education.

Dominguez, Mr. R. (2023). The science of Industrial organizational Psychology in the *workplace*. GQPress.

Federman, B. (2014). Employee engagement : a roadmap for creating profits, optimizing performance, and increasing loyalty. John Wiley & Sons.

Pink, D. H. (2018). *Drive: the surprising truth about what motivates us*. Canongate Books Ltd. (Original work published 2009)

Sinek, S. (2014). *Leaders Eat Last*. Portfolio Penguin.

Sobre el autor

Sr. Raul Dominguez, MIO-Psyh:

El Sr. Raúl Domínguez es un reconocido experto en psicología organizacional y motivación y el empoderamiento a los líderes y organizaciones para crear entornos de trabajo motivadores que liberen el potencial de su fuerza de trabajo. El Sr. Domínguez combina el conocimiento académico con conocimientos prácticos para cerrar la brecha entre la teoría y la aplicación en el mundo real. Su pasión radica en ayudar a las organizaciones a lograr resultados notables fomentando la motivación y el compromiso de los empleados.

www.ingramcontent.com/pod-product-compliance
Lightning Source LLC
Chambersburg PA
CBHW031412250726
48656CB00002B/643